MÉMOIRES

DE

NAPOLÉON BONAPARTE.

MÉMOIRES

DE

NAPOLÉON BONAPARTE.

MANUSCRIT VENU DE SAINTE-HÉLÈNE.

PARIS.

BAUDOUIN FILS, IMPRIMEUR-LIBRAIRE,

RUE DE VAUGIRARD, N8 36.

———

14 JUILLET 1821.

AVERTISSEMENT

DE L'ÉDITEUR.

LE manuscrit venu de Sainte-Hélène excita, dans le temps de son apparition, la plus vive curiosité. Toute l'Europe désira connaître ce que pensait, sur le rocher de son exil, ce grand acteur retiré de la scène du monde. Les hommes qui étaient restés fidèles à leur admiration pour lui, voulurent savoir s'il se montrait digne de sa renommée dans son infortune; ceux qui le redoutaient encore, cherchèrent à deviner si la publication de ses pensées ne cachait pas quelque projet de retour. Le peuple, sur qui la gloire militaire de Napoléon avait fait une impression profonde, saisit avec avidité une occasion de s'entretenir de celui qu'il n'avait point oublié.

Le manuscrit mis en lumière, ne trompa point l'attente publique. On y reconnut tout entier l'homme extraordinaire qui avait été le maître ou l'arbitre de l'Europe. Son récit lais-

sait apercevoir des réticences faites avec intention, mais il jetait une vive lumière sur de
grandes choses. Il prouvait surtout les dangereuses conséquences d'une première erreur
dans les conseils du pouvoir, dont la volonté
dispose du sort des nations.

On trouva généralement que Napoléon parlait convenablement de l'Europe et de lui;
quelques personnes cependant voulurent révo-
quer en doute l'authenticité du manuscrit,
mais leur incrédulité ne fit pas fortune. La
main de Napoléon était évidemment empreinte
dans tout le cours de l'ouvrage. Lui seul avait
pu penser et dire certaines choses qui s'y trouvaient. Il serait plus facile d'imiter la manière
d'un écrivain, que de saisir le ton ou de deviner
les jugemens d'un homme qui a vu les choses
de si haut, et remué tant de passions et d'intérêts. D'ailleurs il y a des secrets impénétrables
dans les desseins ou dans les actions d'un tel
homme ! Au reste, tous les doutes sont tombés
maintenant. Les personnes qui ont vécu dans
l'intimité du captif de Sainte-Hélène, M. de
Las - Cases, par exemple, ont certifié que le
manuscrit était vraiment de Napoléon.

Aujourd'hui que ce prodige du siècle n'est
plus, nous avons cru faire une chose agréable

au public, en réimprimant un écrit auquel la circonstance même prête un nouveau genre d'intérêt. Nous avons conservé le manuscrit dans son intégrité ; nous n'y avons ajouté aucune de ces notes dans lesquelles le commentaire étouffe le texte, et mêle souvent des passions et des erreurs à la vérité ; nous ne voulions être ni détracteurs ni panégyristes. Napoléon a été long-temps exposé aux regards de la France et de l'Europe, c'est à elle qu'il appartient de le juger.

S..... .

MÉMOIRES

DE

NAPOLÉON BONAPARTE.

—————

Je n'écris pas des commentaires : car les événemens de mon règne sont assez connus, et je ne suis pas obligé d'alimenter la curiosité publique. Je donne le précis de ces événemens, parce que mon caractère et mes intentions peuvent être étrangement défigurés, et je tiens à paraître tel que j'ai été, aux yeux de mon fils comme à ceux de la postérité.

C'est le but de cet écrit. Je suis forcé d'employer une voie détournée pour le faire paraître ; car s'il tombait dans les mains des ministres anglais, je sais, par expérience, qu'il resterait dans leurs bureaux.

Ma vie a été si étonnante, que les admirateurs de mon pouvoir ont pensé que mon enfance même avait été extraordinaire. Ils se sont trompés. Mes premières années n'ont rien eu de singulier. Je n'étais qu'un enfant obstiné et curieux. Ma première éducation a été pitoyable, comme tout ce qu'on faisait en Corse. J'ai appris assez facilement le français, par les militaires de la garnison, avec lesquels je passais mon temps.

Je réussissais dans ce que j'entreprenais parce que je le voulais : mes volontés étaient fortes, et mon caractère décidé. Je n'hésitais jamais; ce qui m'a donné de l'avantage sur tout le monde. La volonté dépend, au reste, de la trempe de l'individu; il n'appartient pas à chacun d'être maître chez lui.

Mon esprit me portait à détester les illusions; j'ai toujours discerné la vérité de plein saut; c'est pourquoi j'ai toujours vu mieux que d'autres le fond des choses. Le monde a toujours été pour moi dans le fait, et non dans le droit. Aussi n'ai-je ressemblé à peu près à personne. J'ai été, par ma nature, toujours isolé.

Je n'ai jamais compris quel serait le parti que je pourrais tirer des études, et dans le fait elles ne m'ont servi qu'à m'apprendre des méthodes. Je n'ai retiré quelque fruit que des mathématiques. Le reste ne m'a été utile à rien : mais j'étudiais par amour propre.

Mes facultés intellectuelles prenaient cependant leur essor, sans que je m'en mêlasse. Elles ne consistaient que dans une grande mobilité des fibres de mon cerveau. Je pensais plus vite que les autres ; en sorte qu'il m'est toujours resté du temps pour réfléchir. C'est en cela qu'a consisté ma profondeur.

Ma tête était trop active pour m'amuser avec les divertissemens ordinaires de la jeunesse. Je n'y étais pas totalement étranger; mais je cherchais ailleurs de quoi m'intéresser. Cette disposition me plaçait dans une espèce de solitude où je ne trouvais que mes propres pensées. Cette manière d'être m'a été habituelle dans toutes les situations de ma vie.

Je me plaisais à résoudre des problèmes : je les cherchais dans les mathématiques ; mais j'en eus bientôt assez, parce que l'ordre matériel est extrêmement borné. Je les cherchai alors dans l'ordre moral : c'est le travail qui m'a le mieux réussi. Cette recherche est devenue chez moi une disposition habituelle. Je lui ai dû les grands pas que j'ai fait faire à la politique et à la guerre.

Ma naissance me destinait au service : c'est pourquoi j'ai été placé dans les écoles militaires. J'obtins une lieutenance au commencement de la révolution. Je n'ai jamais reçu de titre avec autant de plaisir que celui-là. Le comble de mon ambition se bornait alors à porter un jour une épaulette à bouillons sur chacune de mes épaules : un colonel d'artillerie me paraissait le *nec plus ultra* de la grandeur humaine.

J'étais trop jeune dans ce temps pour mettre de l'intérêt à la politique. Je ne jugeais pas encore de l'homme en masse. Aussi je n'étais ni surpris ni effrayé du désordre qui régnait à cette époque, parce que je n'avais pu la comparer avec aucune autre. Je m'accommodai de ce que je trouvai. Je n'étais pas encore difficile.

On m'employa dans l'armée des Alpes. Cette armée ne faisait rien de ce que doit faire une armée. Elle ne connaissait ni la discipline ni la guerre. J'étais à mauvaise école. Il est vrai que nous n'avions pas d'ennemis à combattre ; nous n'étions chargés que d'empêcher les Piémontais de passer les Alpes, et rien n'était si facile.

L'anarchie régnait dans nos cantonnemens : le soldat n'avait aucun respect pour l'officier ; l'officier n'en avait guère pour le général : ceux-ci étaient tous les matins destitués par les représentans du peuple : l'armée n'accordait qu'à ces derniers l'idée du pouvoir, la plus forte sur l'esprit humain. J'ai senti dès-lors le danger de l'influence civile sur le militaire, et j'ai su m'en garantir.

Ce n'était pas le talent, mais la loquacité, qui donnait du crédit dans l'armée : tout y dépendait de cette faveur populaire, qu'on obtient par des vociférations.

Je n'ai jamais eu avec la multitude cette communauté de sentimens qui produit l'éloquence des rues. Je n'ai jamais eu le talent d'émouvoir le peuple. Aussi je ne jouais aucun rôle dans cette armée. J'en avais mieux le temps de réfléchir.

J'étudiais la guerre, non sur le papier, mais sur le terrain. Je me trouvai pour la première fois au feu dans une petite affaire de tirailleurs, du côté du Mont Genèvre. Les balles étaient clair-semées ; elles ne firent que blesser quelques-uns de nos gens. Je n'éprouvai pas d'émotion ; cela n'en valait pas la peine ; j'examinai l'action. Il me parut évident qu'on n'avait des deux côtés aucune intention de donner un résultat à cette fusillade. On se tiraillait seulement pour l'acquit de sa conscience, et parce que c'est l'usage à la guerre. Cette nullité d'objet me déplut ; la résistance me donna de l'humeur ; je reconnus notre terrain ; je pris le fusil d'un blessé, et j'engageai un bonhomme de capitaine qui nous commandait de nourrir son feu, pendant que j'irais avec une douzaine d'hommes couper la retraite des Piémontais.

Il m'avait paru facile d'atteindre une hauteur qui dominait leur position, en passant par un bouquet de sapins sur lequel notre gauche s'appuyait. Notre capitaine s'échauffa ; sa troupe gagna du terrain ; elle nous renvoya l'ennemi, et lorsqu'il fut ébranlé, je démasquai mes gens. Notre feu gêna sa retraite ; nous lui fîmes quelques morts, et vingt prisonniers. Le reste se sauva.

J'ai raconté mon premier fait d'armes, non parce qu'il me valut le grade de capitaine, mais parce qu'il m'initia au secret de la guerre. Je m'aperçus qu'il était plus facile qu'on ne croit de battre l'ennemi, et que ce grand art consiste à ne pas tâtonner dans l'action, et surtout à ne tenter que des mouvemens décisifs, parce que c'est ainsi qu'on enlève le soldat.

J'avais gagné mes éperons ; je me
croyais de l'expérience. D'après cela je
me sentis beaucoup d'attrait pour un
métier qui me réussissait si bien. Je ne
pensai qu'à cela, et je me donnai à résoudre tous les problèmes qu'un champ
de bataille peut offrir. J'aurais voulu
étudier aussi la guerre dans les livres,
mais je n'en avais point. Je cherchai à
me rappeler le peu que j'avais lu dans
l'histoire, et je comparais ces récits avec
le tableau que j'avais sous les yeux. Je
me suis fait ainsi une théorie de la
guerre, que le temps a développée, mais
n'a jamais démentie.

Je menai cette vie insignifiante jusqu'au siége de Toulon. J'étais alors chef
de bataillon, et comme tel je pus avoir
quelque influence sur le succès de ce
siége.

Jamais armée ne fut plus mal menée
que la nôtre. On ne savait qui la commandait. Les généraux ne l'osaient pas,

de peur des représentans du peuple:
ceux-ci avaient encore plus de peur du
comité de salut public. Les commis-
saires pillaient, les officiers buvaient,
les soldats mouraient de faim; mais ils
avaient de l'insouciance et du courage.
Ce désordre même leur inspirait plus
de bravoure que la discipline. Aussi
suis-je resté convaincu que les armées
mécaniques ne valent rien : elles nous
l'ont prouvé.

Tout se faisait au camp par motions
et par acclamations. Cette manière de
faire m'était insupportable, mais je ne
pouvais pas l'empêcher, et j'allai à mon
but sans m'en embarrasser.

J'étais peut-être le seul dans l'armée
qui eût un but; mais mon goût était d'en
mettre au bout de tout. Je ne m'occupai
que d'examiner la position de l'ennemi
et la nôtre. Je comparai ses moyens mo-
raux et les nôtres. Je vis que nous les
avions tous, et qu'il n'en avait point.

Son expédition était un misérable coup
de tête, dont il devait prévoir d'avance
la catastrophe , et l'on est bien faible
quand on prévoit d'avance sa déroute.

Je cherchai les meilleurs points d'attaque : je jugeai la portée de nos batteries , et j'indiquai les positions où il
fallait les placer. Les officiers expéri-
mentés les trouvèrent trop dangereuses ,
mais on ne gagne pas des batailles avec
de l'expérience. Je m'obstinai ; j'expo-
sai mon plan à Barras : il avait été ma-
rin : ces braves gens n'entendent rien à
la guerre , mais ils ont de l'intrépidité. Barras l'approuva , parce qu'il voulait en finir. D'ailleurs la Convention
ne lui demandait pas compte des bras et
des jambes , mais du succès.

Mes artilleurs étaient braves , et sans
expérience. C'est la meilleure de toutes
les dispositions pour les soldats. Nos
attaques réussirent : l'ennemi s'intimi-
dait ; il n'osait plus rien tenter contre

nous. Il nous envoyait bêtement des boulets, qui tombaient où ils pouvaient, et ne servaient à rien. Les feux que je dirigeais allaient mieux au but. J'y mettais beaucoup de zèle, parce que j'en attendais mon avancement : j'aimais d'ailleurs le succès pour lui-même. Je passais mon temps aux batteries ; je dormais dans nos épaulemens. On ne fait bien que ce qu'on fait soi-même. Les prisonniers nous apprenaient que tout allait au diable dans la place. On l'évacua enfin d'une manière effroyable.

Nous avions bien mérité de la patrie. On me fit général de brigade. Je fus employé, dénoncé, destitué, ballotté, par les intrigues et les factions. Je pris en horreur l'anarchie qui était alors à son comble, et je ne me suis jamais raccommodé avec elle. Ce gouvernement massacreur m'était d'autant plus antipathique qu'il était absurde, et se dévorait lui-même. C'était une révolution perpétuelle, dont les meneurs ne cherchaient pas seulement à s'établir d'une manière permanente.

Général, mais sans emploi, je fus à Paris, parce qu'on ne pouvait en obtenir que là. Je m'attachai à Barras, parce que je n'y connaissais que lui. Robespierre était mort; Barras jouait un rôle; il fallait bien m'attacher à quelqu'un et à quelque chose.

L'affaire des sections se préparait; je n'y mettais pas un grand intérêt, parce que je m'occupais moins de politique que de guerre. Je ne pensais pas à jouer un rôle dans cette affaire; mais Barras me proposa de commander sous lui la force armée contre les insurgés. Je préférais, en qualité de général, d'être à la tête des troupes, plutôt qu'à me jeter dans les rangs des sections, où je n'avais rien à faire.

Nous n'avions, pour garder la salle du manége, qu'une poignée d'hommes,

2

et deux pièces de quatre. Une colonne de sectionnaires vint nous attaquer pour son malheur. Je fis mettre le feu à mes pièces, les sectionnaires se sauvèrent; je les fis suivre; ils se jetèrent sur les gradins de Saint-Roch. On n'avait pu passer qu'une pièce, tant la rue était étroite. Elle fit feu sur cette cohue, qui se dispersa en laissant quelques morts : le tout fut terminé en dix minutes.

Cet événement, si petit en lui-même, eut de grandes conséquences : il empêcha la révolution de rétrograder. Je m'attachai naturellement au parti pour lequel je venais de me battre, et je me trouvai lié à la cause de la révolution.

Je commençai à la mesurer, et je restai convaincu qu'elle serait victorieuse, parce qu'elle avait pour elle l'opinion, le nombre, et l'audace.

L'affaire des sections m'éleva au grade de général de division, et me valut une

sorte de célébrité. Comme le parti vain-
queur était inquiet de sa victoire, il me
garda à Paris malgré moi ; car je n'avais
d'autre ambition que celle de faire la
guerre dans mon nouveau grade.

Je restai donc désœuvré sur le pavé de
Paris. Je n'y avais pas de relations ; je
n'avais aucune habitude de la société, et
je n'allais que dans celle de Barras, où
j'étais bien reçu. C'est là que j'ai vu, pour
la première fois, ma femme, qui a eu
une grande influence sur ma vie, et
dont la mémoire me sera toujours chère.

Je n'étais pas insensible aux charmes
des femmes, mais jusqu'alors elles ne
m'avaient pas gâté ; et mon caractère me
rendait timide auprès d'elles. Madame
de Beauharnais est la première qui m'ait
rassuré. Elle m'adressa des choses flat-
teuses sur mes talens militaires, un jour
où je me trouvai placé auprès d'elle. Cet
éloge m'enivra ; je m'adressai continuellement à elle ; je la suivais partout ; j'en

étais passionnément amoureux, et notre société le savait déjà, que j'étais encore loin d'oser le lui dire.

Mon sentiment s'ébruita; Barras m'en parla. Je n'avais pas de raisons pour le nier. « En ce cas, » me dit-il, « il faut que vous épousiez madame de » Beauharnais. Vous avez un grade et » des talens à faire valoir; mais vous » êtes isolé, sans fortune, sans rela- » tions; il faut vous marier; cela donne » de l'aplomb. Madame de Beauhar- » nais est agréable et spirituelle; mais » elle est veuve. Cet état ne vaut plus » rien aujourd'hui; les femmes ne jouent » plus de rôle; il faut qu'elles se ma- » rient pour avoir de la consistance. » Vous avez du caractère; vous ferez » votre chemin; vous lui convenez; » voulez-vous me charger de cette négo- » ciation ? »

J'attendis la réponse avec anxiété. Elle fut favorable : madame de Beauharnais m'accordait sa main, et s'il y a eu des momens de bonheur dans ma vie, c'est à elle que je les ai dus.

Mon attitude dans le monde changea après mon mariage. Il s'était refait, sous le Directoire, une manière d'ordre social dans lequel j'avais pris une place assez élevée. L'ambition devenait raisonnable chez moi : je pouvais aspirer à tout.

En fait d'ambition, je n'en avais pas d'autre que celle d'obtenir un commandement en chef; car un homme n'est rien, s'il n'est précédé d'une réputation militaire. Je croyais être sûr de faire la mienne, car je me sentais l'instinct de la guerre; mais je n'avais pas de droits fondés pour faire une pareille demande. Il fallait me les donner. Dans ce temps-là ce n'était pas difficile.

L'armée d'Italie était au rebut, parce qu'on ne l'avait destinée à rien. Je pensai à la mettre en mouvement pour attaquer l'Autriche sur le point où elle avait plus de sécurité, c'est-à-dire en Italie.

Le Directoire était en paix avec la Prusse et l'Espagne; mais l'Autriche, soldée par l'Angleterre, fortifiait son état militaire, et nous tenait tête sur le Rhin. Il était évident que nous devions faire une diversion en Italie; pour ébranler l'Autriche, pour donner une leçon aux petits princes d'Italie qui s'é- taient ligués contre nous; pour donner, enfin, une couleur décidée à la guerre, qui n'en avait point jusqu'alors.

Ce plan était si simple, il convenait si bien au Directoire, parce qu'il avait besoin de succès pour faire son crédit, que je me hâtai de le présenter, de peur d'être prévenu. Il n'éprouva pas de con- tradiction, et je fus nommé général en chef de l'armée d'Italie.

Je partis pour la joindre. Elle avait reçu quelques renforts de l'armée d'Es- pagne; et je la trouvai forte de cinquante mille hommes, dépourvus de tout, si ce n'est de bonne volonté. J'allais la mettre à l'épreuve. Peu de jours après mon arrivée, j'ordonnai un mouvement général sur toute la ligne. Elle s'étendait de Nice jusqu'à Savone. C'était au commencement d'avril 1796.

En trois jours nous enlevâmes tous les postes austro-sardes, qui défendaient les hauteurs de la Ligurie. L'ennemi, attaqué brusquement, se rassembla. Nous le rencontrâmes le 10 à Montenotte : il fut battu. Le 14, nous l'attaquâmes à Millesimo ; il fut encore battu, et nous séparâmes les Autrichiens des Piémontais. Ceux-ci vinrent prendre position à Mondovi, tandis que les Autrichiens se retiraient sur le Pô pour couvrir la Lombardie.

Je battis les Piémontais. En trois jours je m'emparai de toutes les positions du Piémont, et nous étions à neuf lieues de Turin, lorsque je reçus un aide-de-camp qui venait demander la paix.

Je me regardai alors, pour la première fois, non plus comme un simple général, mais comme un homme appelé à influer sur le sort des peuples. Je me vis dans l'histoire.

Cette paix changeait mon plan. Il ne se bornait plus à faire la guerre en Italie, mais à la conquérir. Je sentais qu'en élargissant le terrain de la révolution, je donnais une base plus solide à son édifice. C'était le meilleur moyen d'assurer son succès.

La cour de Piémont nous avait cédé toutes ses places fortes. Elle nous avait remis son pays. Nous étions maîtres par-là des Alpes et des Apennins. Nous étions assurés de nos points d'appui, et tranquilles sur notre retraite.

Dans une si belle position, j'allai attaquer les Autrichiens. Je passai le Pô à

Plaisance, et l'Adda à Lodi : ce ne fut pas sans peines, mais Beaulieu se retira, et j'entrai dans Milan.

Les Autrichiens firent des efforts incroyables pour reprendre l'Italie. Je fus obligé de défaire cinq fois leurs armées pour en venir à bout.

Maître de l'Italie, il fallait y établir le système de la révolution, afin d'attirer ce pays à la France, par des principes et des intérêts communs; c'est-à-dire, qu'il fallait y détruire l'ancien régime pour y établir l'égalité, parce qu'elle est la cheville ouvrière de la révolution. J'allais donc avoir sur les bras le clergé, la noblesse, et tout ce qui vivait à leur table. Je prévoyais ces résistances, et je résolus de les vaincre par l'autorité des armes, et sans ameuter le peuple.

J'avais fait de grandes actions; mais il fallait prendre une attitude et un langage analogues. La révolution avait détruit chez nous toute espèce de dignités :

je ne pouvais pas rendre à la France une pompe royale : je lui donnai le lustre des victoires, et le langage du maître.

Je voulais devenir le protecteur de l'Italie, et non son conquérant. J'y suis parvenu, en maintenant la discipline de l'armée, en punissant sévèrement les révoltes, et surtout en instituant la république Cisalpine. Par cette institution je satisfaisais le vœu prononcé des Italiens, celui d'être indépendans. Je leur donnai ainsi de grandes espérances; il ne dépendait que d'eux de les réaliser en se liant à notre cause. C'était des alliés que je donnais à la France.

Cette alliance durera long-temps entre les deux peuples, parce qu'elle s'est fondée sur des services et des intérêts communs. Ces deux peuples ont les mêmes opinions et les mêmes mobiles. Ils auraient conservé sans moi leur vieille inimitié.

Sûr de l'Italie, je ne craignis pas de

m'aventurer jusqu'au centre de l'Autriche. J'arrivai jusqu'à la vue de Vienne, et je signai là le traité de Campo-Formio. Ce fut un acte glorieux pour la France.

Le parti que j'avais favorisé au 18 fructidor, était resté maître de la république. Je l'avais favorisé parce que c'était le mien, et parce que c'était le seul qui pût faire marcher la révolution. Or, plus je m'étais mêlé des affaires, plus je m'étais convaincu qu'il fallait achever cette révolution, parce qu'elle était le fruit du siècle et des opinions. Tout ce qui retardait sa marche ne servait qu'à prolonger la crise.

La paix était faite sur le Continent; nous n'étions plus en guerre qu'avec l'Angleterre; mais, faute de champ de bataille, cette guerre nous laissait dans l'inaction. J'avais la conscience de mes moyens; ils étaient de nature à me mettre en évidence, mais ils n'avaient point d'emploi. Je savais cependant qu'il fallait fixer l'attention pour rester en vue, et qu'il fallait tenter pour cela des choses extraordinaires, parce que les hommes savent gré de les étonner. C'est en vertu de cette opinion que j'ai imaginé l'expédition d'Égypte. On a voulu l'attribuer à de profondes combinaisons de ma part; je n'en avais pas d'autres que celle de ne pas rester oisif, après la paix que je venais de conclure.

Cette expédition devait donner une grande idée de la puissance de la France: elle devait attirer l'attention sur son chef; elle devait surprendre l'Europe par sa hardiesse. C'étaient plus de motifs qu'il n'en fallait pour la tenter; mais je n'avais pas alors la moindre envie de détrôner le grand-turc, ni même de me faire pacha.

Je préparais le départ dans un profond

secret. Il était nécessaire au succès , et il ajoutait au caractère singulier de l'expédition.

La flotte mit à la voile. J'étais obligé de détruire, en passant, cette gentilhomière de Malte, parce qu'elle ne servait qu'aux Anglais. Je craignais que quelque vieux levain de gloire ne portât ces chevaliers à se défendre et à me retarder : ils se rendirent, par bonheur , plus honteusement que je ne m'en étais flatté.

La bataille d'Aboukir détruisit la flotte, et livra la mer aux Anglais. Je compris, dès ce moment, que l'expédition ne pouvait se terminer que par une catastrophe ; car toute armée qui ne se recrute pas, finit toujours par capituler, un peu plus tôt ou un peu plus tard.

Il fallait en attendant rester en Égypte, puisqu'il n'y avait pas moyen d'en sortir. Je me décidai à faire bonne mine à mauvais jeu. J'y réussis assez bien.

J'avais une belle armée ; il fallait l'occuper, et j'achevais la conquête de l'Égypte, pour employer son temps à quelque chose. J'ai livré par-là aux sciences le plus beau champ qu'elles aient jamais exploité.

Nos soldats étaient un peu surpris de se trouver dans l'héritage de Sésostris ; mais ils prirent bien la chose, et il était si étrange de voir un Français au milieu de ces ruines, qu'ils s'en amusaient eux-mêmes.

N'ayant plus rien à faire en Égypte, il me parut curieux d'aller en Palestine, et d'en tenter la conquête. Cette expédition avait quelque chose de fabuleux. Je m'y laissai séduire. Je fus mal informé des obstacles qu'on m'opposerait, et je ne pris pas assez de troupes avec moi.

Parvenu au-delà du désert, j'appris qu'on avait rassemblé des forces à St.-Jean d'Acre. Je ne pouvais pas les mépriser; il fallut y marcher. La place était défendue par un ingénieur français; je m'en aperçus à sa résistance : il fallut lever le siége : la retraite fut pénible. Je luttai pour la première fois contre les élémens; mais nous n'en fûmes pas vaincus.

De retour en Égypte, je reçus des journaux par la voie de Tunis. Ils m'apprirent l'état déplorable de la France, l'avilissement du Directoire, et le succès de la coalition. Je crus pouvoir servir mon pays une seconde fois. Aucun motif ne me retenait en Égypte : c'était une entreprise épuisée. Tout général était bon pour signer une capitulation que le temps rendrait inévitable, et je partis sans autre dessein que celui de reparaître à la tête des armées pour y ramener la victoire.

Débarqué à Fréjus, ma présence excita l'enthousiasme du peuple. Ma gloire militaire rassurait tous ceux qui avaient peur d'être battus. C'était une affluence sur mon passage : mon voyage eut l'air d'un triomphe, et je compris en arrivant à Paris que je pouvais tout en France.

La faiblesse du gouvernement l'avait mise à deux doigts de sa perte : j'y trouvai l'anarchie. Tout le monde voulait sauver la patrie, et proposait des plans en conséquence. On venait m'en faire confidence ; j'étais le pivot des conspirations ; mais il n'y avait pas un homme à la tête de tous ces projets qui fût capable de les mener. Ils comptaient tous sur moi, parce qu'il leur fallait une épée. Je ne comptais sur personne, et je fus maître de choisir le plan qui me convenait le mieux.

La fortune me portait à la tête de l'État. J'allais me trouver maître de la révolution, car je ne voulais pas en être le chef ; le rôle ne me convenait pas. J'étais donc appelé à préparer le sort à

venir de la France, et peut-être celui
du monde.

Mais il fallait auparavant faire la
guerre, faire la paix, assoupir les factions, fonder mon autorité. Il fallait
remuer cette grosse machine qu'on appelle le gouvernement. Je connaissais
le poids de ces résistances, et j'aurais
préféré alors le simple métier de la
guerre; car j'aimais l'autorité du quartier-général, et l'émotion du champ de
bataille. Je me sentais enfin, dans ce
moment, plus de dispositions pour relever l'ascendant militaire de la France,
que pour la gouverner.

Mais je n'avais pas de choix dans ma
destination. Car il m'était facile de voir
que le règne du Directoire touchait à
sa fin; qu'il fallait mettre à sa place une
autorité imposante pour sauver l'État;
qu'il n'y a de vraiment imposant que
la gloire militaire. Le Directoire ne
pouvait donc être remplacé que par moi
***

ou par l'anarchie. Ce choix de la France
n'était pas douteux; l'opinion publique éclairait à cet égard la mienne.

Je proposai de remplacer le Directoire par un consulat ; tellement j'étais
éloigné alors de concevoir l'idée d'un
pouvoir souverain. Les républicains pro-
posèrent d'élire deux consuls : j'en demandai trois , parce que je ne voulais
pas être appareillé. Le premier rang
m'appartenait de droit dans cette tri-
nité : c'était tout ce que je voulais.

Les républicains se défièrent de ma
proposition. Ils entrevirent un élément
de dictature dans ce triumvirat. Ils se
liguèrent contre moi. La présence même
de Sieyes ne pouvait les rassurer. Il s'é-
tait chargé de faire une constitution ;
mais les jacobins redoutaient plus mon
épée qu'ils ne se fiaient à la plume de
leur vieux abbé.

Tous les partis se rangèrent alors
sous deux bannières : d'un côté se trou-

vaient les républicains qui s'opposaient à mon élévation : de l'autre était toute la France qui la demandait. Elle était donc inévitable à cette époque, parce que la majorité finit toujours par l'emporter. Les premiers avaient établi leur quartier-général dans le Conseil des Cinq-Cents : ils firent une belle défense; il fallut gagner la bataille de St.-Cloud pour achever cette révolution. J'avais cru un moment qu'elle se ferait par acclamation.

Le vœu public venait de me donner la première place de l'État : la résistance qu'on avait opposée ne m'inquiétait pas, parce qu'elle ne venait que de gens flétris par l'opinion. Les royalistes n'avaient pas paru : ils avaient été pris sur le temps. La masse de la nation avait confiance en moi, car elle savait bien que la révolution ne pouvait pas avoir de meilleure garantie que la mienne. Je n'avais de force qu'en me plaçant à la tête des intérêts qu'elle avait créés, puisqu'en la faisant rétrograder je me serais retrouvé sur le terrain des Bourbons.

Il fallait que tout fût neuf dans la nature de mon pouvoir, afin que toutes les ambitions y trouvassent de quoi vivre. Mais il n'y avait rien de défini dans sa nature, et c'était son défaut.

Je n'étais, par la constitution, que le premier magistrat de la république ; mais j'avais une épée pour bâton de commandement. Il y avait incompatibilité entre mes droits constitutionnels et l'ascendant que je tenais de mon caractère et de mes actions. Le public le sentait comme moi ; la chose ne pouvait pas durer ainsi, et chacun prenait ses mesures en conséquence.

Je trouvais des courtisans plus que je n'en avais besoin. On faisait queue. Aussi n'étais-je nullement en peine du chemin que faisait mon autorité, mais je l'étais beaucoup de la situation matérielle de la France.

Nous nous étions laissé battre : les Autrichiens avaient reconquis l'Italie, et détruit mon ouvrage. Nous n'avions plus d'armée pour reprendre l'offensive. Il n'y avait pas un sou dans les caisses, et aucun moyen de les remplir. La conscription ne s'exécutait que sous le bon plaisir des maires. Sièyes nous avait fait une constitution paresseuse et bavarde qui entravait tout. Tout ce qui constitue la force d'un État était anéanti : il ne subsistait que ce qui fait sa faiblesse.

Forcé par ma position, je crus devoir demander la paix : je le pouvais alors de bonne foi, parce qu'elle était une fortune pour moi. Plus tard elle n'eût été qu'une ignominie.

M. Pitt la refusa, et jamais homme d'État n'a fait une plus lourde faute ; car ce moment a été le seul où les alliés auraient pu la conclure avec sécurité : car la France, en demandant la paix, se reconnaissait vaincue ; et les peuples se relèvent de tous les revers, si ce n'est de consentir à leur opprobre.

M. Pitt la refusa. Il m'a sauvé une grande faute, et il a étendu l'empire de la révolution sur toute l'Europe, empire que ma chute n'est pas même parvenue à détruire. Il l'aurait borné à la France, s'il avait voulu alors la laisser à elle-même.

Il me fallut donc faire la guerre. Masséna se défendait dans Gênes ; mais les armées de la république n'osaient plus repasser ni le Rhin ni les Alpes. Il fallait donc rentrer en Italie et en Allemagne, pour dicter une seconde fois la paix à l'Autriche. Tel était mon plan ; mais je n'avais ni soldats, ni canons, ni fusils.

J'appelai les conscrits ; je fis forger des armes ; je réveillai le sentiment de l'honneur national, qui n'est jamais qu'assoupi chez les Français. Je ramassai une armée. La moitié ne portait que des habits de paysans. L'Europe riait de mes soldats : elle a payé chèrement ce moment de plaisir.

On ne pouvait cependant entreprendre ouvertement une campagne avec une telle armée. Il fallait au moins étonner l'ennemi, et profiter de sa surprise. Le général Suchet l'attirait vers les gorges de Nice. Masséna prolongeait jour à jour la défense de Gênes. Je pars : je m'avance vers les Alpes : ma présence, la grandeur de l'entreprise, ranimèrent les soldats. Ils n'avaient pas de souliers, mais ils semblaient tous marcher à l'avant-garde.

Dans aucun temps de ma vie je n'ai éprouvé de sentiment pareil à celui que je sentis en pénétrant dans les gorges des Alpes. Les échos retentissaient des cris de l'armée. Ils m'annonçaient une victoire incertaine, mais probable. J'al-

lais revoir l'Italie, théâtre de mes premières armes. Mes canons gravissaient
lentement ces rochers. Mes premiers
grenadiers atteignirent enfin la cîme du
Saint-Bernard. Ils jetèrent en l'air leurs
chapeaux garnis de plumets rouges, en
jetant des cris de joie. Les Alpes étaient
franchies, et nous débordâmes comme
un torrent.

Le général Lannes commandait l'a-
vant-garde. Il courut prendre Ivrée,
Verceil, Pavie, et s'assura du passage
du Pô. Toute l'armée le passa sans obstacles.

Nous étions tous jeunes dans ce
temps, soldats et généraux. Nous avions
notre fortune à faire. Nous comptions
les fatigues pour rien, les dangers pour
moins encore. Nous étions insoucians
sur tout, si ce n'est sur la gloire, qui
ne s'obtient que sur les champs de bataille.

Au bruit de mon arrivée, les Autri-

chiens manœuvrèrent sur Alexandrie.
Accumulés dans cette place, au moment où je parus devant les murs, leurs
colonnes vinrent se déployer en avant
de la Bormida. Je les fis attaquer. Leur
artillerie était supérieure à la mienne.
Elle ébranla nos jeunes bataillons. Ils
perdirent du terrain. La ligne n'était
conservée que par deux bataillons de la
garde, et par la quarante-cinquième.
Mais j'attendais des corps qui mar-
chaient en échelons. La division de
Dessaix arrive ; toute la ligne se rallie.
Dessaix forme sa colonne d'attaque, et
enlève le village de Marengo, où s'appuyait le centre de l'ennemi. Ce grand
général fut tué au moment où il décidait une immortelle victoire.

L'ennemi se jeta sous les remparts
d'Alexandrie. Les ponts étaient trop
étroits pour le recevoir; une bagarre af-
freuse s'y passa ; nous prenions des
masses d'artillerie et des bataillons en-

tiers. Refoulés au-delà du Tanaro, sans communications, sans retraite, menacés sur leurs derrières par Masséna et par Suchet, n'ayant en front qu'une armée victorieuse, les Autrichiens reçurent la loi. Mélas implora une capitulation. Elle fut inouie dans les fastes de la guerre. L'Italie entière me fut restituée, et l'armée vaincue vint déposer ses armes aux pieds de nos conscrits.

Ce jour a été le plus beau de ma vie ; car il a été un des plus beaux pour la France. Tout était changé pour elle ; elle allait jouir d'une paix qu'elle avait conquise. Elle s'endormait comme un lion. Elle allait être heureuse, parce qu'elle était grande.

Les factions semblaient se taire ; tant d'éclat les étouffait. La Vendée se pacifiait ; les jacobins étaient forcés de me remercier de ma victoire ; car elle était à leur profit. Je n'avais plus de rivaux.

Le danger commun, et l'enthousiasme

public avaient allié momentanément les partis. La sécurité les divisa. Partout où il n'y a pas un centre de pouvoir incontestable, il se trouve des hommes qui espèrent l'attirer à eux. C'est ce qui arriva au mien. Mon autorité n'était qu'une magistrature temporaire : elle n'était donc pas inébranlable. Les gens qui avaient de la vanité et se croyaient du talent, commencèrent une campagne contre moi. Ils choisirent le Tribunat pour leur place d'armes. Là ils se mirent à m'attaquer sous le nom de pouvoir exécutif.

Si j'avais cédé à leurs déclamations, c'en était fait de l'État. Il avait trop d'ennemis pour diviser ses forces, et perdre son temps en paroles. On venait d'en faire une rude épreuve, mais elle n'avait pas suffi pour faire taire cette espèce d'hommes qui préfèrent les intérêts de leur vanité à ceux de leur patrie. Ils s'amusèrent, pour faire leur popularité, à refuser les impôts, à décrier le gouvernement, à entraver sa marche, ainsi que le recrutement des troupes.

Avec ces manières là, nous aurions été en quinze jours la proie de l'ennemi. Nous n'étions pas encore de force à le hasarder. Mon pouvoir était trop neuf pour être invulnérable. Le consulat allait finir comme le directoire, si je n'avais pas détruit cette opposition par un coup d'État. Je renvoyai les tribuns factieux. On appela cela éliminer ; le mot fit fortune.

Ce petit événement qu'on a sûrement oublié aujourd'hui, changea la constitution de la France, parce qu'il me fit rompre avec la république : car il n'y en avait plus, du moment que la représentation nationale n'était plus sacrée.

Ce changement était forcé, dans la situation où se trouvait la France vis-à-vis de l'Europe et d'elle-même. La révolution avait des ennemis trop acharnés au-dedans et au-dehors, pour qu'elle ne fût pas forcée d'adopter une forme dictatoriale, comme toutes les républiques dans les momens de danger. Les autorités à contre-poids ne sont bonnes qu'en temps de paix. Il fallait renforcer au contraire celle qu'on m'avait confiée, chaque fois qu'elle avait couru un danger, afin de prévenir les rechutes.

J'aurais peut-être mieux fait d'obtenir franchement cette dictature, puisqu'on m'accusait d'y aspirer. Chacun aurait jugé de ce qu'on appelait mon ambition : cela aurait, je crois, mieux valu ; car les monstres sont plus gros de loin que de près. La dictature aurait eu l'avantage de ne rien présager pour l'avenir; de laisser les opinions dans leur entier, et d'intimider l'ennemi, en lui montrant la résolution de la France.

Mais je m'apercevais que cette autorité venait d'elle-même se placer dans mes mains. Je n'avais donc pas besoin

*

de la recevoir officiellement. Elle s'exer-
çait de fait, sinon de droit. Elle suffisait pour passer la crise, et sauver la
France et la révolution.

Ma tâche était donc de terminer cette
révolution, en lui donnant un caractère
légal, afin qu'elle pût être reconnue et
légitimée par le droit public de l'Europe. Toutes les révolutions ont passé
par les mêmes combats. La nôtre ne
pouvait pas en être exempte ; mais elle
devait, à son tour, prendre son droit
de bourgeoisie.

Je savais qu'avant de le proposer, il
fallait en arrêter les principes, en consolider la législation, et en détruire les
excès. Je me crus assez fort pour y
réussir, et je ne me trompai pas.

Le principe de la révolution était l'ex-
tinction des castes ; c'est-à-dire l'égalité:
je l'ai respecté. La législation devait en
régler les principes. J'ai fait des lois
dans cet esprit. Les excès se montraient

dans l'existence des factions. Je n'en ai tenu compte, et elles ont disparu. Ils se montraient dans la destruction du culte ; je l'ai rétabli. Dans l'existence des émigrés ; je les ai rappelés. Dans le désordre général de l'administration ; je l'ai réglée. Dans la ruine des finances ; je les ai restaurées. Dans l'absence d'une autorité capable de contenir la France ; je lui ai donné cette autorité, en prenant les rênes de l'État.

Peu d'hommes ont fait autant de choses que j'en ai fait alors, en aussi peu de temps. L'histoire dira un jour ce qu'était la France à mon avénement, et ce qu'elle était quand elle a donné la loi à l'Europe.

Je n'ai pas eu besoin d'employer un pouvoir arbitraire, pour accomplir ces immenses travaux. On ne m'en aurait peut-être pas refusé l'exercice ; mais je n'en aurais pas voulu, parce que j'ai toujours détesté l'arbitraire en tout.

J'aimais l'ordre et les lois. J'en ai fait
beaucoup : je les ai faites sévères et pré-
cises ; mais justes, parce qu'une loi qui
ne connaît point d'exception est toujours
juste. Je les ai fait observer rigoureuse-
ment, parce que c'est le devoir du trône;
mais je les ai respectées. Elles me sur-
vivront : c'est la récompense de mes
travaux.

Tout semblait marcher à souhait.
L'État se recréait; l'ordre s'y rétablis-
sait. Je m'en occupais avec ardeur : mais
je sentais qu'il manquait une chose à
tout ce système ; c'était du définitif.

Quel que fût mon désir de faire à la
révolution un établissement stable, je
voyais clairement que je ne pourrais y
parvenir qu'après avoir vaincu de grandes résistances : car il y avait antipathie
nécessaire entre les anciens et les nouveaux régimes. Ils formaient deux masses
dont les intérêts étaient précisément en
sens inverse. Tous les gouvernemens

qui subsistaient encore en vertu de l'ancien droit public, se voyaient exposés
par les principes de la révolution ; et
celle-ci n'avait de garantie qu'en traitant
avec l'ennemi, ou qu'en l'écrasant s'il
refusait de la reconnaître.

Cette lutte devait décider en dernier
ressort du renouvellement de l'ordre social de l'Europe. J'étais à la tête de la
grande faction qui voulait anéantir le
système sur lequel roulait le monde depuis la chute des Romains. Comme tel,
j'étais en butte à la haine de tout ce qui
avait intérêt à conserver cette rouille
gothique. Un caractère moins entier que
le mien aurait pu louvoyer, pour laisser une partie de cette question à décider
au temps.

Mais dès que j'eus vu le fond du cœur
de ces deux factions ; dès que j'eus vu
qu'elles partageaient le monde, comme
au temps de la réformation, je compris
que tout pacte était impossible entre

elles, parce que leurs intérêts se froissaient trop. Je compris que plus on abrégerait la crise, mieux les peuples s'en trouveraient. Il fallait avoir pour nous la moitié plus un de l'Europe, afin que la balance penchât de notre côté. Je ne pouvais disposer de ce poids qu'en vertu de la loi du plus fort, parce que c'est la seule qui ait cours entre les peuples. Il fallait donc que je fusse le plus fort de toute nécessité ; car je n'étais pas seulement chargé de gouverner la France, mais de lui soumettre le monde ; sans quoi le monde l'aurait anéantie.

Je n'ai jamais eu de choix dans les partis que j'ai pris : ils ont toujours été commandés par les événemens ; parce que le danger était toujours éminent, et le 31 mars a prouvé à quel point il était à redouter, et s'il était facile de faire vivre en paix les vieux et les nouveaux régimes.

Il m'était donc aisé de prévoir que tant qu'il y aurait parité de forces entre ces deux systèmes, il y aurait entre eux guerre ouverte ou secrète. Les paix qu'ils signeraient ne pourraient être que des haltes pour respirer. Il fallait donc que la France, comme le chef-lieu de la révolution, se tînt en mesure de résister à la tempête. Il fallait donc qu'il y eût unité dans le gouvernement, pour qu'il pût être fort; union dans la nation, pour que tous ses moyens tendissent au même but; et confiance dans le peuple, pour qu'il consentît aux sacrifices nécessaires pour assurer sa conquête.

Or, tout était précaire dans le système du consulat, parce que rien n'y était à sa véritable place. Il y existait une république de nom, une souveraineté de fait, une représentation nationale faible, un pouvoir exécutif fort, des autorités soumises, et une armée prépondérante.

Rien ne marche dans un système politique où les mots jurent avec les choses. Le gouvernement se décrie par le mensonge perpétuel dont il fait usage. Il tombe dans le mépris qu'inspire tout ce qui est faux, parce que ce qui est faux est faible. On ne peut plus d'ailleurs ruser en politique : les peuples en savent trop long : les gazettes en disent trop. Il n'y a plus qu'un secret pour mener le monde, c'est d'être fort ; parce qu'il n'y a dans la force ni erreur, ni illusion. C'est le vrai mis à nu.

Je sentais la faiblesse de ma position, le ridicule de mon consulat. Il fallait établir quelque chose de solide, pour servir de point d'appui à la révolution. Je fus nommé consul à vie. C'était une suzeraineté viagère ; insuffisante en elle-même, puisqu'elle plaçait une date dans l'avenir, et que rien ne gâte la confiance comme la prévoyance d'un changement.

Mais elle était passable pour le moment où elle fut établie.

Dans l'intervalle que m'avait laissé la trève d'Amiens, j'avais hasardé une expédition imprudente, qu'on m'a reprochée, et avec raison : elle ne valait rien en soi.

J'avais essayé de reprendre Saint-Domingue. J'avais de bons motifs pour le tenter. Les alliés haïssaient trop la France pour qu'elle osât rester dans l'inaction pendant la paix. Il fallait qu'elle fût toujours redoutable. Il fallait donner une pâture à la curiosité des oisifs. Il fallait tenir constamment l'armée en mouvement pour l'empêcher de s'endormir. Enfin, j'étais bien aise d'essayer les marins.

Du reste, l'expédition a été mal conduite. Partout où je n'ai pas été, les choses ont toujours été mal. Cela revenait d'ailleurs assez au même ; car il était facile de voir que le ministère anglais allait rompre la trève ; et si nous avions reconquis Saint-Domingue, ce n'aurait été que pour eux.

Chaque jour augmentait ma sécurité, lorsque l'événement du 3 nivose m'apprit que j'étais sur un volcan. Cette conspiration fut imprévue : c'est la seule que la police n'ait pas déjouée d'avance. Elle n'avait pas de confidens ; c'est pourquoi elle a réussi.

J'échappai par un miracle. L'intérêt qu'on me témoigna me dédommagea amplement. On avait mal choisi le moment pour conspirer. Rien n'était prêt en France pour les Bourbons.

On chercha les coupables. Je le dis avec vérité ; je n'en accusai que les Brutus du coin. En fait de crimes, on était toujours disposé à leur en faire honneur. Je fus très-étonné lorsque la suite des enquêtes vint à prouver que c'était aux

royalistes que les gens de la rue Saint-
Nicaise avaient l'obligation d'être sautés
en l'air.

Je croyais les royalistes honnêtes
gens, parce qu'ils nous accusaient de ne
pas l'être. Je les croyais, surtout, très-
incapables de l'audace et de la scéléra-
tesse que suppose un tel projet: au reste,
il n'appartenait qu'à un petit nombre de
voleurs de diligences, espèce qui était
prônée, mais peu considérée dans le
parti.

Les royalistes, tout-à-fait oubliés depuis la pacification de la Vendée, repa-
raissaient ainsi sur l'horizon politique.
C'était une conséquence naturelle de
l'accroissement de mon autorité. Je re-
faisais la royauté. C'était chasser sur
leurs terres.

Ils ne se doutaient pas que ma monar-
chie n'avait point de rapport à la leur.
La mienne était toute dans les faits ; la
leur, toute dans les droits. La leur n'é-

tait fondée que sur des habitudes ; la mienne s'en passait ; elle marchait en ligne avec le génie du siècle. Là leur tirait à la corde pour le retenir.

Les républicains s'effrayaient de la hauteur où me portaient les circonstances : ils se défiaient de l'usage que j'allais faire de ce pouvoir. Ils redoutaient que je ne remontasse une vieille royauté à l'aide de mon armée. Les royalistes fomentaient ce bruit, et se plaisaient à me présenter comme un singe des anciens monarques : d'autres royalistes, plus adroits, répandaient sourdement que je m'étais enthousiasmé du rôle de Monck, et que je ne prenais la peine de restaurer le pouvoir que pour en faire hommage aux Bourbons, lorsqu'il serait en état de leur être offert.

Les têtes médiocres, qui ne mesuraient pas ma force, ajoutaient foi à ces bruits. Ils accréditaient le parti royaliste, et me décriaient dans le peuple et dans l'armée; car ils commençaient à douter de mon attachement à leur cause. Je ne pouvais pas laisser courir une telle opinion, parce qu'elle tendait à nous désunir.

Il fallait à tout prix détromper la France, les royalistes et l'Europe, afin qu'ils sussent tous à quoi s'en tenir avec moi. Une persécution de détail contre des propos ne produit jamais qu'un mauvais effet, parce qu'elle n'attaque pas le mal à sa racine. D'ailleurs ce moyen est devenu impossible, dans ce siècle de sollicitation, où l'exil d'une femme remua toute la France.

Il s'offrit malheureusement à moi, dans ce moment décisif, un de ces coups du hasard qui détruisent les meilleures résolutions. La police découvrit de petites menées royalistes, dont le foyer était au-delà du Rhin. Une tête auguste s'y trouvait impliquée. Toutes les circonstances de cet événement cadraient d'une manière incroyable avec celles qui me portaient à tenter un coup d'État. La perte du duc d'Enghien décidait la question qui agitait la France. Elle décidait de moi sans retour. Je l'ordonnai.

Un homme de beaucoup d'esprit, et qui doit s'y connaître, a dit de cet attentat que c'était plus qu'un crime, que c'était une faute. N'en déplaise à ce personnage, c'était un crime, et ce n'était pas une faute. Je sais fort bien la valeur des mots. Le délit de ce malheureux prince se bornait à de misérables intrigues avec quelques vieilles baronnes de Strasbourg. Il jouait son jeu. Ces intrigues étaient surveillées ; elles ne menaçaient ni la sûreté de la France ni la mienne. Il a péri victime de la politique, et d'un concours inouï de circonstances.

Sa mort n'était pas une faute, car

toutes les conséquences que j'avais pré-
vues sont arrivées.

La guerre avait recommencé avec
l'Angleterre, parce qu'il ne lui est plus
possible de rester long-temps en paix.
Le territoire de l'Angleterre est devenu
trop petit pour sa population; il lui faut
pour vivre le monopole des quatre par-
ties du monde. La guerre procure seule
ce monopole aux Anglais, parce qu'elle
lui vaut le droit de détruire sur mer.
C'est sa sauve-garde.

Cette guerre était paresseuse, faute
de terrain pour se battre; l'Angleterre
était obligée d'en louer sur le Continent, mais il fallait donner le temps à
la moisson de croître. L'Autriche avait
reçu de si rudes leçons, que les ministres n'osaient proposer la guerre de
si tôt, quelqu'envie qu'ils eussent de
gagner leur argent. La Prusse s'en-
graissait de sa neutralité; la Russie

avait fait en Suisse une fatale expérience de la guerre. L'Italie et l'Espagne étaient entrées, à peu de chose
près, dans mon système. Le Continent
faisait halte.

Faute de mieux, je mis en avant un
projet de descente en Angleterre. Je
n'ai jamais pensé à le réaliser; car il
aurait échoué : non que le matériel du
débarquement ne fût possible, mais la
retraite ne l'était pas. Il n'y a pas un
Anglais qui ne se fût armé pour sauver
l'honneur de son pays, et l'armée
française, laissée sans secours à leur
merci, aurait fini par périr ou par capituler. J'avais pu faire cet essai en
Egypte; mais à Londres, c'était jouer
trop gros jeu.

Comme la menace ne me coûtait rien,
puisque je ne savais que faire de mes
troupes, il valait autant les tenir en
garnison sur les côtes, qu'ailleurs. Ce

seul appareil a obligé l'Angleterre à se mettre sur un pied de défense ruineux. C'était autant de gagné.

En revanche on organisa une conspiration contre moi. Je peux faire honneur de celle-ci aux princes émigrés ; car elle était vraiment royale. On avait mis en mouvement une armée de conspirateurs. Aussi nous en fûmes informés dans les vingt-quatre heures : tant les confidences allaient bon train.

Comme je voulais cependant faire punir des hommes qui ne cherchaient qu'à renverser l'État (ce qui est contre les lois divines et humaines), je fus obligé d'attendre, pour les faire arrêter, qu'on eût rassemblé contre eux des preuves irrécusables.

Pichegru était à la tête de cette machination : cet homme, qui avait plus de bravoure que de talent, avait voulu jouer le rôle de Monck ; il allait à sa taille.

Ces projets m'inquiétaient peu, parce que je connaissais leurs portées, et que l'opinion publique ne les favorisait pas. Les royalistes m'auraient assassiné, qu'ils n'en auraient pas été plus avancés. Chaque chose a son temps.

J'appris bientôt que Moreau trempait dans cette affaire. Ceci devenait plus délicat, parce qu'il avait une popularité colossale. Il était clair qu'on devait le gagner. Il avait trop de réputation, pour que nous fussions bons voisins. Je ne pouvais pas être tout et lui rien. Il fallait trouver une manière honnête de nous séparer. Il la trouva.

On a beaucoup dit que j'étais jaloux de lui : je l'étais fort peu ; mais il l'était beaucoup de moi, et il y avait de quoi. Je l'estimais parce que c'était un bon militaire. Il avait pour amis tous ceux qui ne m'aimaient pas, c'est-à-dire beaucoup de gens. Ils en auraient fait un héros, s'il avait péri. Je n'en voulais faire que ce qu'il était : c'est-à-dire un homme nul. J'ai réussi ; l'absence l'a perdu ; ses amis l'ont oublié, et on n'y a plus songé.

Les autres coupables exigeaient moins de ménagemens. C'étaient tous les vieux habitués de conspiration dont il fallait purger pour tout-à-fait la France. Nous y avons réussi, car il n'en a plus reparu dès-lors.

Je fus accablé de sollicitations. Toutes les femmes et les enfans de Paris étaient en l'air. On demandait la grâce de tout le monde. J'eus la faiblesse d'envoyer quelques coupables dans des prisons d'État, au lieu d'en laisser faire justice.

Je me reproche même aujourd'hui cette espèce d'indulgence, parce qu'elle n'est, dans un souverain, qu'une faiblesse coupable. Il n'a qu'un seul devoir à remplir vis-à-vis de l'État, celui d'y faire observer les lois. Toute transaction avec le crime devient un crime

de la part du trône. Le droit de grâce ne
doit jamais s'exercer envers les coupables. Il faut le réserver pour le cas
malheureux que la conscience absout,
quand la loi les condamne.

Pichegru fut trouvé étranglé dans
son lit. On ne manqua pas de dire que
c'était par mes ordres. Je fus totalement étranger à cet événement. Je
ne sais pas même pourquoi j'aurais
soustrait ce criminel à son jugement.
Il ne valait pas mieux que les autres,
et j'avais un tribunal pour le juger, et
des soldats pour le fusiller. Je n'ai jamais rien fait d'inutile dans ma vie.

Mon autorité s'accrut, parce qu'on
l'avait menacée. Il n'y avait rien de
prêt en France pour une contre-révolution. Elle ne voyait dans les menées
des royalistes qu'un moyen de lui ap-
porter l'anarchie et la guerre civile.
Elle voulait s'en préserver à tout prix,
et se rapprochait de moi, parce que je

promettais de l'en garantir. Elle voulait dormir à l'abri de mon épée. Le vœu public, (l'histoire ne me démentira pas,) le vœu public m'appelait à régner sur la France.

La forme républicaine ne pouvait plus durer, parce qu'on ne fait pas de républiques avec de vieilles monarchies. Ce que voulait la France, c'était sa grandeur. Pour en soutenir l'édifice, il fallait anéantir les factions, consolider l'œuvre de la révolution, et fixer sans retour les limites de l'État. Seul, je promettais à la France de remplir ces conditions. La France voulait que je régnasse sur elle.

Je ne pouvais pas devenir roi. C'était un titre usé. Il portait avec lui des idées reçues. Mon titre devait être nouveau, comme la nature de mon pouvoir. Je n'étais pas l'héritier des Bourbons. Il fallait être beaucoup plus pour s'asseoir sur leur trône. Je pris la

nom d'empereur, parce qu'il était plus
grand et moins défini.

Jamais révolution ne fut aussi douce
que celle qui renversa cette république
pour laquelle on avait répandu tant de
sang. C'est qu'on maintenait la chose ;
le mot seul était changé. C'est pourquoi
les républicains n'ont pas redouté l'empire.

D'ailleurs les révolutions qui ne dé-
placent pas les intérêts sont toujours
douces.

La révolution était enfin terminée.
Elle devenait inébranlable sous une dynastie permanente. La république n'a-
vait satisfait que des opinions ; l'empire
garantissait les intérêts avec les opinions.

Ces intérêts étaient ceux de l'immense majorité, parce qu'avant tout
les institutions de l'empire garantis-
saient l'égalité. La démocratie y existait de fait et de droit. La liberté seule

y avait été restreinte, parce qu'elle ne
vaut rien pour les temps de crise. Mais
la liberté n'est, à l'usage que de la
classe éclairée de la nation : l'égalité
sert à tout le monde. C'est pourquoi
mon pouvoir est resté populaire, même
dans les revers qui ont écrasé la France.

Mon autorité ne reposait pas, comme
dans les vieilles monarchies, sur un
échafaudage de castes et de corps inter-
médiaires. Elle était immédiate, et n'a-
vait d'appui que dans elle-même ; car
il n'y avait dans l'empire que la nation
et moi. Mais dans cette nation tous
étaient également appelés aux fonctions
publiques. Le point de départ n'était
un obstacle pour personne. Le mouvement ascendant était universel dans l'É-
tat. Ce mouvement a fait ma force.

Je n'ai pas inventé ce système : il est
sorti des ruines de la Bastille. Il n'est
que le résultat de la civilisation et des
mœurs que le temps a données à l'Eu-

rope. On essayera en vain de le détruire; il se maintiendra par la force
des choses, parce que le fait finit toujours par se placer là où est la force.
Or la force n'était plus dans la noblesse,
depuis qu'elle avait permis au tiers-état
de porter les armes, et qu'elle n'avait
plus voulu être la seule milice de l'État.

La force n'était plus dans le clergé,
depuis que le monde était devenu pro-
testant, en devenant raisonneur. La
force n'était plus dans les gouvernemens, précisément parce que la noblesse et le clergé n'étaient plus en état
de remplir leurs fonctions ; c'est-à-dire
d'appuyer le trône. La force n'était plus
dans les routines et les préjugés, depuis qu'on avait démontré aux peuples
qu'il n'y avait ni routines ni préjugés.

Il y avait dissolution dans le corps
social long-temps avant la révolution ;
parce qu'il n'y avait plus de rapports
entre les mots et les choses.

La chute des préjugés avait mis à nu
la source des pouvoirs. On avait décou-
vert leur faiblesse. Ils sont tombés en
effet à la première attaque.

Il fallait donc refaire l'autorité sur un
autre plan. Il fallait qu'elle se passât du
cortége des habitudes et des préjugés :
il fallait qu'elle se passât de cet aveuglement qu'on appelle la foi. Elle n'a-
vait hérité d'aucuns droits ; il fallait
donc qu'elle fût en entier dans le fait ;
c'est-à-dire dans la force.

Je ne montais pas ainsi sur le trône
comme un héritier des anciennes dynasties, pour m'y asseoir mollement
sous les prestiges des habitudes et des
illusions ; mais pour affermir les institutions que le peuple voulait, pour
mettre les lois en accord avec les mœurs,
et pour rendre la France redoutable,
afin de maintenir son indépendance.

On ne tarda pas à m'en fournir l'occasion. L'Angleterre était fatiguée par

***

le séjour de mes troupes sur les côtes. Elle voulait s'en débarrasser à tout prix, et cherchait, la bourse à la main, des alliés sur le continent. Elle devait en trouver.

Les anciennes dynasties étaient effrayées de me voir sur le trône. Quelques politesses que nous nous fissions, elles voyaient bien que je n'étais pas un des leurs; car je ne régnais qu'en vertu d'un système qui détruisait l'autel que le temps leur avait élevé. J'étais à moi seul une révolution. L'empire les menaçait comme la république. Elles le redoutaient davantage, parce qu'il était plus robuste.

Il était donc de leur politique de m'attaquer le plus tôt possible, c'est-à-dire avant que j'eusse pris toutes mes forces.

Les chances de la lutte qui allait s'ouvrir, étaient d'un grand intérêt pour moi. Elles allaient m'apprendre la me-

sure de la haine qu'on me portait. Elles
allaient m'apprendre à distinguer ceux
des souverains que la crainte déciderait
à s'associer au système de l'empire,
d'avec ceux qui périraient plutôt que de
transiger avec lui.

Cette lutte devait amener de nouvelles
combinaisons politiques en Europe. Je
devais succomber, ou en devenir l'arbitre.

Je venais de réunir le Piémont à la
France, parce qu'il fallait que la Lombardie s'appuyât à l'empire. On cria à
l'ambition : on prépara la lice pour le
combat. Cette réunion lui servit de si-
gnal.

La bataille devait être rude. Les Autrichiens rassemblaient toutes leurs forces, et les Russes s'étaient décidés à y
réunir les leurs.

Le jeune Alexandre venait de monter
sur le trône : comme les enfans aiment
à faire le contraire de leurs parens, il

me déclara la guerre, parce que son
père avait fait la paix. Car nous n'a-
vions rien encore à démêler avec les
Russes : leur tour n'était pas venu;
mais les femmes et les courtisans l'a-
vaient décidé ainsi. Ils ne croyaient
faire qu'une chose de bon goût, parce
que je n'étais pas à la mode dans le beau
monde ; et ils commençaient, sans le
savoir, le système auquel la Russie devra
sa grandeur.

La coalition n'a jamais ouvert la campagne plus maladroitement. Les Autrichiens s'imaginèrent de me surprendre.
Cette prétention ne leur réussit pas.

Ils inondèrent la Bavière sans attendre
l'arrivée des Russes. Ils s'en vinrent, à
marches forcées, sur le Rhin. Mes colonnes avaient quitté le camp de Bou-
logne, et traversaient la France. Nous
passâmes le Rhin à Strasbourg. Mon
avant-garde rencontra les Autrichiens à
Ulm et les culbuta. Je marchai sur

Vienne à tour de route. J'y entrai sans
obstacle. Un général autrichien oublia
de couper les ponts du Danube. Je passai la rivière. Je l'aurais passée également, mais j'en arrivai plus vite en
Moravie.

Les Russes débouchaient seulement ;
les débris autrichiens coururent se ré-
fugier sous leurs drapeaux. L'ennemi
voulut tenir à Austerlitz ; il fut battu.
Les Russes se retirèrent en bon ordre,
et me laissèrent l'empire d'Autriche.

L'empereur François me demanda
une entrevue : je la donnai dans un
fossé. Il me demanda la paix ; je l'accordai ; car qu'aurais-je fait de son pays :
il n'était pas moulé pour la révolution.
Mais pour diminuer ses forces, je demandai Venise pour la Lombardie, et
le Tyrol pour la Bavière, afin de renforcer au moins mes amis aux dépens
de mes ennemis. C'était bien le moins.

Ce n'était pas le moment de disputer ;

la paix fut signée. Je la fis proposer en
même temps aux Russes. Alexandre la
refusa.

Ce refus était noble, car en accep-
tant la paix, il acceptait l'humiliation
des Autrichiens.

En refusant, il montra de la fermeté
dans les revers, et de la confiance dans
la fortune. Ce refus m'apprit que le sort
du monde dépendrait de nous deux.

La campagne recommença. Je suivis
la retraite des Russes. J'arrivai en Pologne. Un nouveau théâtre s'ouvrait à
nos armes. J'allai voir cette vieille terre
de l'anarchie et de la liberté, courbée
sous un joug étranger : les Polonais at-
tendaient ma venue pour le secouer.

J'ai négligé le parti que je pouvais
tirer des Polonais, et c'est là plus grande
faute de mon règne. Je savais cependant
qu'il était essentiel de relever ce pays,
pour en faire une barrière à la Russie,
et un contrepoids à l'Autriche ; mais les

circonstances ne furent pas assez heureu-
ses à cette époque pour réaliser ce plan.

D'ailleurs les Polonais m'ont paru peu
propres à remplir mes vues. C'est un
peuple passionné et léger. Tout se fait
chez eux par fantaisie, et rien par système. Leur enthousiasme est violent ;
mais ils ne savent ni le régler ni le per-
pétuer. Cette nation porte sa ruine dans
son caractère.

Peut-être qu'en donnant aux Polonais
un plan, un système, et un point d'appui, ils auraient pu se former avec le
temps.

Quoique mon caractère ne m'ait jamais porté à faire les choses à demi, je
n'ai cependant fait que cela en Pologne,
et je m'en suis mal trouvé. Je m'avançai
au cœur de l'hiver vers les pays du nord.
Le climat n'inspirait aucune défiance
au soldat. Son moral était excellent.
J'avais à combattre une armée maîtresse
de son terrain et de son climat. Elle

m'attendait sur les frontières de la Russie. J'allai l'y chercher, parce qu'il ne fallait pas laisser languir mes troupes dans de mauvais cantonnemens. Je rencontrai l'ennemi à Eylau : l'affaire fut meurtrière et indécise.

Si les Russes nous avaient attaqués le lendemain, nous aurions été battus; mais leurs généraux n'ont heureusement pas de ces inspirations. Ils me donnaient le temps de les attaquer à Friedland. La victoire y fut moins douteuse : Alexandre s'était vaillamment défendu : il me proposa la paix. Elle était honorable pour les deux nations, car elles s'étaient mesurées avec une égale bravoure. La paix fut signée à Tilsit : elle le fut de bonne foi : j'en atteste le czar lui-même.

Telle fut l'issue des premiers efforts de la coalition contre l'empire que je venais de fonder. Elle éleva la gloire de nos armes, mais elle laissa la question

indécise entre l'Europe et moi, car nos
ennemis n'avaient été qu'humiliés : ils
n'étaient ni détruits ni changés. Nous
nous retrouvions au même point ; et en
signant la paix, je prévis une nouvelle
guerre.

Elles étaient inévitables, tant que le
sort de la guerre n'amènerait pas de
nouvelles combinaisons, et tant que
l'Angleterre aurait un intérêt personnel
à les prolonger.

Il fallait donc profiter du repos pas-
sager que je venais de rendre au continent, pour élargir la base de l'empire ;
afin de la rendre plus solide pour les attaques à venir. Le trône était héréditaire
dans ma famille : elle commençait ainsi
une dynastie nouvelle, que le temps
devait consacrer, comme il a légitimé
toutes les autres. Car depuis Charle-
magne aucune couronne n'avait été
donnée avec autant de solennité. Je l'a-
vais reçue du vœu des peuples et de la

sanction de l'Église; ma famille, appelée
à régner, ne devait pas rester mêlée
dans les rangs de la société; c'eût été
un contre-sens.

J'étais riche en conquêtes. Il fallait
lier intimement ces États au système de
l'empire, afin d'accroître sa prépondérance. Il n'y a pas d'autres liens entre
les peuples que ceux des intérêts qu'ils
mettent en commun. Il fallait donc établir une entière communauté d'intérêts
entre nous et les pays conquis. Il ne
s'agissait pour cela que de changer leur
ancien ordre social, pour leur donner
le nôtre, en mettant à la tête de ces
nouvelles institutions des souverains in-
téressés à les maintenir.

Je remplissais ces conditions en plaçant ma famille sur les trônes qui se
trouvaient vacans.

La Lombardie était le plus essentiel
de ces États, parce qu'elle devait être
continuellement exposée aux regrets de

la maison d'Autriche. Je ne voulus pas lui donner le plaisir de mettre un de mes frères sur ce trône. J'étais seul capable de porter la couronne de fer, et je la mis sur ma tête.

Je donnai par-là plus de confiance aux Lombards, parce que je faisais ma propre affaire de la leur.

Ce nouvel État prit le nom de royaume d'Italie, parce que ce titre était plus grand, et parlait davantage à l'imagination des Italiens.

Le trône de Naples était vacant. La reine Caroline, après avoir inondé de sang le pavé de Naples, et livré son royaume aux Anglais, en avait été chassée de nouveau. Il fallait un maître à ce malheureux pays, pour le sauver de l'anarchie et des vengeances. Un de mes frères monta sur ce trône.

La Hollande avait perdu depuis longtemps l'énergie qui fait les républiques. Elle n'avait plus la force de jouer ce

rôle. Elle en avait donné la preuve lors
du débarquement de 99. Je ne devais
pas soupçonner qu'elle regrettât la maison d'Orange, à la manière dont elle
l'avait traitée. La Hollande semblait
donc avoir besoin d'un souverain ; je lui
donnai un autre de mes frères.

Le cadet était assez jeune pour attendre : le quatrième n'aimait pas à régner ; il s'était sauvé pour s'y soustraire.

Il ne resta en république que celle
des Suisses. Il ne valait pas la peine de
changer des formes auxquelles ils étaient
accoutumés. Mon autorité dans ce pays
s'est bornée à les empêcher de s'égorger
entr'eux. Ils ne m'en ont pas témoigné
une grande reconnaissance.

En formant ainsi des États alliés de la
France, et dépendans de l'empire, je
dus en même temps réunir, à la mère-
patrie, d'autres portions de territoires,
afin de conserver sa prépondérance sur
tout le système.

C'est dans ce but que j'avais réuni le Piémont à la France, et non pas à l'Italie. J'y réunis de même Gênes et Parme. Ces réunions ne valaient rien en elles-mêmes, car j'aurais fait de ces peuples de bons Italiens : je n'en ai fait que de médiocres Français. Mais l'empire se composait non-seulement de la France, mais des États de la famille et des alliés étrangers. Il était essentiel de conserver la proportion entre ces trois élémens. Chaque alliance nouvelle emportait avec elle une nouvelle réunion. Le public à chaque fois criait à l'ambition. Mon ambition n'a jamais consisté à posséder quelques lieues carrées de plus ou de moins, mais à faire triompher ma cause.

Or cette cause ne consistait pas seulement dans les opinions, mais dans le poids que chaque parti pouvait mettre dans la balance, et les lieues carrées pèsent dans le bassin, parce que le monde ne se compose que de cela.

J'augmentais ainsi la masse des forces que je faisais mouvoir. Il ne fallait ni talent ni adresse pour opérer ces changemens. Il suffisait d'un acte de ma volonté : car ces pays étaient trop petits pour en avoir en ma présence. Ils dépendaient du mouvement imprimé à l'ensemble du système impérial. Le point de départ de ce système était en France.

Il fallait donc consolider mon ouvrage, en donnant à la France des institutions conformes au nouvel ordre social qu'elle avait adopté. Il fallait créer mon siècle pour moi, comme je l'avais été pour lui.

Il fallait être législateur, après avoir été guerrier.

Il n'était plus possible de faire reculer la révolution ; car ç'aurait été soumettre de nouveau les forts aux faibles; ce qui est contre nature. Il fallait donc en saisir l'esprit, pour y accommoder

un système analogue de législation. Je
crois y être parvenu. Ce système me
survivra, et j'ai laissé à l'Europe un
héritage qu'elle ne pourra plus répu-
dier.

Il n'y avait en réalité dans l'État
qu'une vaste démocratie, menée par une
dictature. Cette espèce de gouvernement est commode pour l'exécution ;
mais elle est d'une nature temporaire,
parce qu'elle n'est qu'en viager sur la
tête du dictateur. Je devais la rendre
perpétuelle, en faisant des institutions
à demeure, et des corporations vivaces,
afin de les placer entre le trône et la
démocratie. Je ne pouvais rien opérer
par le levier des habitudes et des illusions. J'étais obligé de tout créer avec
de la réalité.

Il fallait ainsi fonder ma législation
sur les intérêts immédiats de la majorité, et créer mes corporations avec des
intérêts : parce que les intérêts sont ce

qu'il y a de plus réel dans ce monde.

J'ai fait des lois dont l'action était immense, mais uniforme. Elles avaient pour principe le maintien de l'égalité. Elle est si fortement empreinte dans ces codes, qu'ils suffiront seuls pour la conserver.

J'instituai une caste intermédiaire. Elle était démocratique, parce qu'on y entrait à toute heure et de partout : elle était monarchique, parce qu'elle ne pouvait pas mourir.

Cette corporation devait remplacer dans le nouveau régime le service que la noblesse était censée faire dans l'ancien ; c'est-à-dire d'appuyer le trône. Mais elle ne lui ressemblait en rien. La vieille noblesse n'existait que par ses prérogatives ; la mienne n'avait que du pouvoir. La vieille noblesse n'avait de mérite que parce qu'elle était exclusive. Tous ceux qui se distinguaient entraient de droit dans la nouvelle :

elle n'était autre chose qu'une couronne civique. Le peuple n'y attachait pas d'autre idée. Chacun l'avait méritée par ses œuvres : tous pouvaient l'obtenir au même prix : elle n'était offensante pour personne.

L'esprit de l'empire était le mouvement ascendant : c'est le caractère des révolutions. Il agitait toute la nation. Elle se soulevait pour s'élever. J'ai placé au sommet de ce mouvement de grandes récompenses. Elles ne furent données que par la reconnaissance publique. Ces hautes dignités étaient encore conformes à l'esprit de l'égalité, car le dernier soldat les obtenait par des actions d'éclat.

Après le désordre de la révolution, il importait de rétablir l'ordre, parce qu'il est le symptôme de la force et de la durée.

Les administrateurs et les juges étaient essentiels à l'État; puisque d'eux seuls dépendait l'ordre public : c'est-à-dire l'exécution des lois. Je les associai au mouvement qui animait le peuple et l'armée. Je les associai aux mêmes récompenses. Je fis un ordre qui honorait les administrateurs, parce qu'il avait reçu des soldats un brevet d'honneur. Je le rendis commun à tous ceux qui servaient l'Etat, parce que la première des vertus est le dévouement à sa patrie.

Je donnai ainsi pour ressort à l'empire un lien général. Il unissait par leurs intérêts toutes les classes de la nation ; parce qu'aucune n'était subordonnée ni exclue. Il se formait autour de moi un corps intermédiaire, fourni par l'élite de la nation. Il était attaché au système impérial par sa vocation, par ses intérêts, et par ses opinions. Ce corps nombreux, quoique revêtu du pouvoir civil et militaire, était avoué par le peuple ; parce qu'il était tiré au sort dans les rangs. Il avait confiance en lui, parce que leurs intérêts étaient confondus. Ce corps n'était ni décimateur ni exclusif. Ce n'était en réalité qu'une magistrature.

L'empire s'asseyait sur une organisation forte. L'armée s'était formée à l'école de la guerre : elle y avait appris à se battre et à souffrir.

Les fonctionnaires civils s'accoutumaient à faire exécuter strictement les lois, parce que je ne voulais ni d'arbitraire ni d'interprétation. Ils se formaient ainsi à l'habitude et à la rapidité. J'avais répandu partout une impulsion uniforme, parce qu'on ne donnait qu'un seul mot d'ordre dans l'empire. Aussi tout se mouvait dans cette machine ; mais le mouvement ne s'opérait que dans les cadres que j'avais préparés.

J'ai arrêté les dilapidations publiques, en centralisant sur un seul point toute la machine fiscale. Je n'ai rien laissé de vague dans cette partie ; parce qu'en fait de monnaie, tout doit se retrouver. Je n'ai surtout rien laissé de disponible à ces demi-responsabilités provinciales, parce que l'expérience m'avait prouvé que cet abandon ne sert qu'à enrichir quelques petits malversateurs aux dépens du trésor, du peuple, et de la chose.

J'ai rendu le crédit à l'État en ne faisant pas usage de crédit.

J'ai substitué au système des emprunts qui avait perdu la France, celui des impôts qui l'a corroborée.

J'ai organisé la conscription : loi rigoureuse, mais grande, et seule digne d'un peuple qui chérit sa gloire et sa liberté ; car il ne doit confier sa défense qu'à lui-même.

J'ai ouvert de nouvelles communications au commerce. J'ai fait réunir l'Italie à la France, en ouvrant les

Alpes par quatre routes différentes. J'ai entrepris dans ce genre ce qui paraissait presque impossible.

J'ai fait prospérer l'agriculture en maintenant les lois protectrices de la propriété, et en répartissant également les charges publiques.

J'ai ajouté de grands monumens à ceux que possédait la France. Ils devaient servir de témoins à sa gloire. Je pensais qu'ils élèveraient l'ame de nos descendans. Les peuples s'attachent à ces nobles images de leur histoire.

Mon trône ne brillait que de l'éclat des armes. Les Français aiment de la grandeur jusqu'à son apparence. J'ai fait décorer des palais ; j'y ai réuni une cour nombreuse. Je lui ai donné un caractère austère : tout autre eût été mal assorti. On ne s'amusait point dans ma cour. Aussi les femmes n'ont joué qu'un rôle mesquin dans cette cour où tout était consacré à la grandeur de l'État. C'est pourquoi elles m'ont toujours détesté. Louis XV était beaucoup mieux leur fait.

Mon ouvrage était à peine ébauché, lorsqu'un nouvel ennemi se présenta inopinément dans la lice.

Depuis dix ans la Prusse s'était tenue en paix : la France lui en avait su gré; les alliés lui en avaient voulu beaucoup de mal. Ils l'injuriaient, mais elle prospérait.

Sa neutralité m'avait été surtout essentielle dans la dernière campagne. Pour m'en assurer, il lui fut fait quelques ouvertures d'une cession du Hanovre. Je pensai qu'une pareille ouverture valait bien une petite violation de territoire que je m'étais permise, pour accélérer la marche d'une division que j'étais pressé d'avoir sur le Danube.

L'Angleterre ayant rejeté les propositions de paix que nous lui avions envoyées, suivant notre usage, en signant celle de Tilsit, la Prusse demanda la cession du Hanovre.

Je ne demandais pas mieux que de lui faire ce cadeau ; mais il me parut qu'il était temps que cette cour se déclarât franchement pour nous, en entrant pour tout de bon dans notre système. Il ne pouvait pas tout conquérir avec l'épée ; la politique devait aussi nous donner des alliés, et l'occasion paraissait belle.

Mais je m'aperçus que la Prusse avait de tout autres intentions, et qu'elle croyait m'avoir amplement payé par sa neutralité. Dès ce moment il devenait ridicule d'agrandir un pays sur lequel je ne pouvais pas compter. J'y mis de l'humeur ; je ne calculai pas assez qu'en donnant du terrain à la Prusse je la compromettais ; c'est-à-dire que je me l'assurais. Je refusai tout, et le Hanovre reçut une autre destination.

Les Prussiens jetèrent les hauts cris, parce que je ne voulais pas leur donner

le bien d'autrui. Ils se plaignirent de
ma petite violation de l'année précé-
dente. Ils s'avisèrent tout d'un coup
qu'ils étaient dépositaires de la gloire
du grand Frédéric. Les têtes s'échauf-
fèrent. Une espèce de mouvement national agita la noblesse de Prusse. L'Angleterre se dépêcha de le solder, et il
prit de la consistance.

Si les Prussiens m'avaient attaqué
pendant que j'étais aux prises avec les
Russes, ils pouvaient me faire beaucoup
de mal ; mais il était si absurde de venir,
hors de raison , nous déclarer une guerre
qui ressemblait à une mutinerie de col-
lége , que je fus long-temps avant d'y
ajouter foi.

Rien n'était plus vrai cependant, et
il fallut rentrer en campagne.

Je m'attendais bien à battre les Prussiens ; mais j'avais destiné plus de temps
à cela. Je pris des mesures contre les
agressions qu'on pourrait me susciter

d'ailleurs, et que je soupçonnais. Mais je n'en eus pas besoin.

Par un hasard singulier, les Prussiens ne tinrent pas deux heures. Par un autre hasard, leurs généraux n'imaginèrent pas de défendre des places qui m'auraient tenu trois mois. En quelques jours je fus maître du pays.

La diligence de cette déroute me prouva que cette guerre n'avait rien eu de populaire en Prusse. J'aurais dû profiter de cette découverte pour organiser la Prusse à notre manière ; mais je ne sus pas m'y prendre.

L'empire avait acquis une immense prépondérance par la bataille de Jéna. Le public commençait à regarder ma cause comme gagnée ; je m'en aperçus aux manières que l'on prit avec moi. Je commençai à le croire aussi moi-même, et cette bonne opinion m'a fait faire des fautes.

Le système sur lequel j'avais fondé

**

l'empire était ennemi né des anciennes
dynasties. Je savais qu'entre elles et
moi la guerre devait être mortelle. Il
fallait donc prendre des moyens vigou-
reux pour la rendre aussi courte que
possible, afin de ménager la souffrance
des peuples et des rois.

Ainsi j'aurais dû changer, d'une part,
la forme et le personnel de tous les États
que la guerre mettait dans mes mains,
parce qu'on ne fait pas des révolutions
en gardant les mêmes hommes et les
mêmes choses. J'étais donc sûr, en con-
servant ces gouvernemens, de les avoir
toujours contre moi : c'était des ennemis que je ressuscitais.

Si je voulais, d'autre part, garder ces
gouvernemens, faute de mieux, il fallait
les rendre complices de ma grandeur, en
leur faisant accepter, avec mon alliance,
des territoires et des titres.

En suivant l'un ou l'autre de ces
plans, suivant l'occasion, j'aurais étendu

rapidement les frontières de la révolution. Nos alliances auraient été solides, parce qu'elles auraient été faites avec les peuples. Je leur aurais apporté les avantages avec les principes de la révolution ; j'aurais éloigné d'eux le fléau de la guerre dont ils ont été persécutés pendant vingt ans , et qui a fini par les révolter contre nous.

Il est à croire que la majorité des nations du continent aurait accepté cette grande alliance , et l'Europe aurait été refondue sur un nouveau plan analogue à l'état de sa civilisation.

Je raisonnai bien , mais je fis le contraire. Au lieu de changer la dynastie prussienne , comme je l'en avais menacée , je lui rendis ses États après les avoir morcelés. La Pologne ne me sut pas gré de n'avoir remis en liberté que la portion de son territoire dont la Prusse s'était emparée. Le royaume de Westphalie fut mécontent de ne pas obtenir davantage, et la Prusse, furieuse de ce que je lui avais ôté, me jura une haine éternelle.

Je m'imaginai, je ne sais pourquoi, que des souverains, dépossédés par le droit de conquêtes, pouvaient devenir reconnaissans de la part qu'on leur laissait. J'imaginai qu'ils pourraient, après tant de revers, s'allier de bonne foi avec nous, parce que c'était le parti le plus sûr. J'imaginai pouvoir étendre ainsi les alliances de l'empire, sans me charger de l'odieux que les révolutions traînent après elles. Je trouvai enfin que c'était un grand rôle à jouer que celui d'ôter et de rendre des couronnes. Je m'y laissai séduire. Je me suis trompé, et les fautes ne se pardonnent jamais.

Je voulus corriger, au moins, ce que j'avais fait en Prusse, en organisant la Confédération du Rhin, parce que j'espérais contenir l'un par l'autre. Pour former cette confédération, j'ai agrandi les États de quelques souverains, aux dépens de ceux d'une cohue de petits princes, qui ne servaient qu'à manger l'argent de leurs sujets, sans pouvoir leur être bons à rien. J'attachai ainsi à ma cause les souverains dont j'avais grossi le volume, par les intérêts de leur agrandissement. Je les fis conquérans malgré eux. Mais ils se trouvèrent bien du métier. Ils ont fait volontiers cause commune avec moi. Ils ont été fidèles à cette cause tant qu'ils l'ont pu.

Le continent se trouva ainsi pacifié pour la quatrième fois. J'avais étendu la surface et la prépondérance de l'empire. Mon pouvoir immédiat s'étendait de l'Adriatique aux bouches du Veser ; mon pouvoir d'opinion sur toute l'Europe.

Mais l'Europe sentait, comme moi, que cette pacification n'était encore qu'une œuvre provisoire ; parce qu'il y avait trop d'élémens de résistances, et qu'en traitant avec ces résistances, comme j'avais eu le tort de le faire, je n'avais fait que reculer la difficulté.

Le principe vital de la résistance était en Angleterre. Je n'avais aucun moyen de l'attaquer corps à corps, et j'étais sûr que la guerre se renouvellerait sur le continent, tant que le ministère anglais aurait de quoi en payer les frais. La chose pouvait durer long-temps, parce que les bénéfices de la guerre alimentaient la guerre. C'était un cercle vicieux dont le résultat était la ruine du continent. Il fallait donc trouver un moyen de détruire les bénéfices que la guerre maritime valait à l'Angleterre, afin de ruiner le crédit du ministère. On me proposa, dans ce but, le système continental. Il me parut bon, et je l'acceptai. Peu de gens ont compris ce système. On s'est obstiné à n'y voir d'autre but que celui de renchérir le

café. Il devait avoir de tout autres conséquences.

Il devait ruiner le commerce anglais.
En cela il a mal fait son devoir, parce
qu'il a produit, comme toutes les prohi-
bitions, un renchérissement; ce qui est
toujours à l'avantage du commerce; et
parce qu'il ne put être assez complète-
ment établi pour bannir la contrebande.

Mais le système continental devait
servir encore à désigner clairement nos
amis d'avec nos ennemis. Nous ne pou-
vions pas nous y tromper. L'attachement au système continental témoignait
de l'attachement à notre cause, parce
qu'il était son enseigne et son palladium.

Ce système, si débattu, était indispensable dans le moment où je l'ai établi; car il faut qu'un grand empire ait
non-seulement une tendance générale
pour diriger sa politique, mais son économie doit avoir une tendance pareille.
Il faut une route à l'industrie, comme

à toutes choses, pour se mouvoir et pour avancer. Or, la France n'en avait point quand je lui ai tracé sa route en lui donnant le système continental.

L'économie de la France s'était portée, avant la révolution, vers les colonies et le commerce d'échange. C'était la mode alors. Elle y avait eu de grands succès. A quelque point qu'on ait vanté ces succès, ils n'avaient eu cependant d'autres résultats que ceux d'amener la ruine des finances de l'État; la perte de son crédit; la destruction de son système militaire; la perte de sa considération au dehors; la langueur de son agriculture. Ces succès l'avaient amené finalement à signer un traité de commerce qui livrait son approvisionnement aux Anglais.

La France avait à la vérité de beaux ports de mer, et quelques négocians dont les fortunes étaient colossales.

La guerre avait détruit sans retour le

système maritime. Les ports de mer étaient ruinés. Aucune force humaine ne pouvait leur rendre ce que la révolution avait anéanti. Il fallait donc donner une autre impulsion à l'esprit de trafic, pour rendre de la vie à l'industrie de la France. Il n'y avait pas d'autre moyen d'y parvenir que celui d'enlever aux Anglais le monopole de l'industrie manufacturière, pour faire de cette industrie la tendance générale de l'économie de l'État. Il fallait créer le système continental.

Il fallait ce système, et rien de moins ; parce qu'il fallait donner une prime énorme aux fabriques, pour engager le commerce à mettre en dehors les avances qu'exige l'établissement de tout un ensemble de fabrication.

Le fait a prouvé en ma faveur ; j'ai déplacé le siége de l'industrie, en lui faisa   er la mer. Elle a fait de si grands pas   le continent, qu'elle n'a

9

plus de concurrence à redouter. Si la
France veut prospérer, qu'elle garde
mon système en changeant son nom. Si
elle veut déchéoir, elle n'a qu'à recommencer des entreprises maritimes; car
les Anglais les détruiront à la première
guerre. J'ai été forcé de porter le système continental à l'extrême, parce qu'il
avait pour but de faire non-seulement
du bien à la France, mais du mal à
l'Angleterre. Nous ne recevions les den-
rées coloniales que par son ministère,
quel que fût le pavillon qu'elles emprun-
tassent pour naviguer. Il fallait donc en
recevoir le moins possible. Il n'y avait
pas de meilleur moyen pour cela que
d'en élever le prix outre mesure. Le
but politique était rempli; les finances
de l'État en profitaient, mais j'ai désolé
les bonnes femmes, et elles s'en sont
vengées. L'expérience montrait chaque
jour que le système continental était
bon; car l'État prospérait, malgré le

fardeau de la guerre. Les impôts étaient à jour, le crédit au pair avec l'intérêt de l'argent. L'esprit d'amélioration se montrait dans l'agriculture comme dans les fabriques. On bâtissait les villages à neuf, comme les rues de Paris. Les routes et les canaux facilitaient le mouvement intérieur. On inventait chaque semaine quelque perfectionnement ; je faisais faire du sucre avec des navets, et de la soude avec du sel. Le développement des sciences marchait de front avec celui de l'industrie.

Il aurait donc été insensé de renoncer à un système, au moment où il portait ses fruits. Il fallait l'affermir, pour donner d'autant plus de prise à l'émulation.

Cette nécessité a influé sur la politique de l'Europe, en ce qu'elle a fait à l'Angleterre une nécessité de poursuivre l'état de guerre. Dès ce moment aussi la guerre a pris en Angleterre un caractère plus sérieux. Il s'agissait pour elle de la fortune publique, c'est-à-dire, de son existence. La guerre se popularisa. Les Anglais ne confièrent plus à des auxiliaires le soin de leur protection; ils s'en chargèrent eux-mêmes, et parurent en grosses masses sur le terrain. La lutte n'est devenue périlleuse que depuis lors. J'en reçus l'impression en signant le décret. Je soupçonnai qu'il n'y aurait plus de repos pour moi, et que ma vie se passerait à combattre des résistances que le public ne voyait plus, mais dont j'avais le secret, parce que je suis le seul que les apparences n'aient jamais trompé. Je me flattais, au fond du cœur, de rester maître de l'avenir, au moyen de l'armée que j'avais faite: tant de succès l'avaient rendue invincible. Elle ne doutait jamais du succès; ses mouvemens étaient faciles, parce que nous avions renoncé au système des camps et des magasins. On pouvait la transporter à l'instant sur toutes les directions, et partout elle arrivait avec la conscience de sa supériorité. Avec de tels soldats, quel est le général qui n'eût aimé la guerre. Je l'aimais, je l'avoue, et cependant je n'ai plus senti en moi, depuis l'affaire de Jéna, la plénitude de confiance, ni le mépris de l'avenir, auxquels j'avais dû mes premiers succès. Je me défiais de moi-même : cette défiance portait de l'incertitude dans mes décisions : mon humeur en était altérée ; mon caractère abâtardi. Je me commandais, mais ce qui n'est pas naturel n'est jamais parfait.

Le système continental avait décidé les Anglais à nous faire guerre à mort. Le nord était soumis, et contenu par mes garnisons. Les Anglais n'y avaient plus d'autres rapports que ceux de la contrebande ; mais on leur avait livré le Portugal, et je savais que l'Espagne favorisait leur commerce à l'abri de sa neutralité.

***

Pour que le système continental fût bon à quelque chose, il fallait qu'il fût complet. Je l'avais établi, à peu de chose près, dans le Nord : il fallait le faire respecter dans le Midi. Je demandai à l'Espagne un passage pour un corps d'armée que je voulais envoyer en Portugal. On me l'accorda. A l'approche de mes troupes, la cour de Lisbonne s'embarqua pour le Brésil, et me laissa son royaume. Il fallut établir, au travers de l'Espagne, une route militaire, pour communiquer avec le Portugal. Cette route nous mit en rapport avec l'Espagne. Jusqu'alors je n'avais jamais songé à ce pays, à cause de sa nullité.

L'état politique de l'Espagne était alors inquiétant ; elle était gouvernée par le plus incapable des souverains, brave et digne homme, dont l'énergie se bornait à obéir à son favori. Ce favori, sans caractère et sans talent, n'avait lui-même d'autre énergie que celle de demander sans cesse des richesses et des dignités.

Le favori m'était resté dévoué, parce qu'il trouvait commode de gouverner sous l'ombre de mon alliance. Mais il avait si mal mené les affaires, que son crédit avait baissé en Espagne. Il ne pouvait plus s'y faire obéir. Son dévouement me devenait inutile.

Les opinions avaient marché en Espagne dans un sens inverse du reste de l'Europe. Le peuple, qui s'était élevé partout à la hauteur de la révolution, y était resté fort au-dessous; les lumières n'avaient pas percé jusqu'à la seconde couche de la nation. Elles s'étaient arrêtées à la surface, c'est-à-dire, sur les hautes classes. Celles-ci sentaient l'abaissement de leur patrie, et rougissaient d'obéir à un gouvernement qui perdait leur pays. On les appelait les libéraux.

En sorte que les révolutionnaires étaient en Espagne ceux qui avaient à perdre à

la révolution ; et ceux qui devaient y
gagner n'en voulaient pas entendre par-
ler. Le même contre-sens a eu lieu également à Naples. Il m'a fait faire beaucoup de fautes, parce que je n'en ai
pas eu la clef d'entrée.

La présence de mes troupes en Espagne y causa un événement. Chacun
l'interpréta. Les têtes s'en occupèrent;
la fermentation commença. J'en fus informé. Les libéraux furent sensibles à
l'humiliation de leur pays : ils crurent
prévenir sa ruine par une conjuration.
Cette conjuration réussit. Elle se borna
à faire abdiquer le vieux roi et à rouer
de coups son favori. L'Espagne ne
gagnait rien au fond à ce changement,
car le fils qu'on mettait sur le trône ne
valait pas mieux que son père. Je sais à
quoi m'en tenir à cet égard.

La conjuration eut à peine réussi,
que les conjurés s'épouvantèrent de leur
audace. Ils eurent peur d'eux, de moi,

de tout le monde. Les moines n'ap-
prouvaient pas la violence qu'on avait
exercée contre leur vieux roi, parce
qu'elle était illégitime. Je la désapprou-
vai également par un autre motif. L'é-
pouvante se mit dans la nouvelle cour,
la révolte dans le peuple, et l'anarchie
dans l'État.

La force des choses avait amené ainsi
un changement en Espagne; puisqu'une
révolution venait d'y commencer par
le fait. Cette révolution ne pouvait pas
être de la même nature que celle de la
France, parce que les élémens en étaient
différens. Jusqu'alors elle n'avait eu
aucune direction, parce qu'elle n'avait
point eu de chef, ni de parti pris d'a-
vance. Ce n'était encore qu'une sus-
pension d'autorité, une subversion de
pouvoir, un désordre : voilà tout.

On ne pouvait prévoir autre chose
sur le sort de l'Espagne; si ce n'est
qu'avec un peuple ignorant et farouche,

cette révolution ne s'achèverait pas
sans des flots de sang, et de longues
calamités.

Que demandaient d'ailleurs les hommes qui voulaient un changement en
Espagne ? Ce n'était pas une révolution
comme la nôtre : c'était un gouvernement capable, une autorité qui fût en
état d'ôter la rouille qui couvrait leur
pays, afin de lui rendre de la considération au dehors, et de la civilisation
au dedans.

Je pouvais leur donner l'un et l'autre
en m'emparant de leur révolution au
point où ils l'avaient amenée. Il s'agissait de donner à l'Espagne une dynastie
qui serait forte parce qu'elle serait
neuve, et qui serait éclairée parce qu'elle
serait dépourvue de préjugés. La mienne
réunissait ces qualités. Je songeai donc
à lui donner ce trône de plus.

A cet égard le plus difficile était fait :
c'était de se débarrasser de l'ancienne

dynastie. Or les Espagnols avaient laissé abdiquer le vieux roi, et ne voulaient pas reconnaître le nouveau. Tout semblait donc présager que l'Espagne, pour éviter l'anarchie, accepterait un souverain qui se présentait armé d'un levier prodigieux. Elle serait entrée par-là sans efforts dans le rayon du système impérial; et quelque déplorable que fût l'état social de l'Espagne, il ne fallait pas dédaigner cette conquête.

Comme il faut voir les choses par soi-même pour s'en faire une juste idée, je partis pour Bayonne, où j'avais invité la vieille cour d'Espagne à se rendre. Comme elle n'avait rien de mieux à faire, elle y vint. J'avais invité également la nouvelle, et je m'attendais qu'elle ne viendrait pas, parce qu'elle avait beaucoup mieux à faire.

Je pensai que pour ne pas le mettre en présence ni de moi ni de son père, on aurait fait prendre à Ferdinand ou

le parti de la révolte, ou celui de gagner
l'Amérique. Il ne prit ni l'un ni l'autre. Il s'en vint à Bayonne, avec son
précepteur et ses confidens, et laissa
l'Espagne au premier occupant.

Cette démarche seule me donna la
mesure de cette cour. J'eus à peine con-
féré avec ces chefs de conjurés, que je
vis l'ignorance où ils étaient de leur
propre situation. Ils n'avaient de parti
pris sur rien; ils ne prévoyaient rien;
ils menaient leur politique comme des
quinze-vingts. J'eus à peine vu le souverain qu'ils avaient mis sur le trône,
que je fus convaincu qu'on ne devait
pas laisser l'Espagne en de pareilles
mains.

Je me décidai alors à recevoir l'abdi-
cation de cette famille, et à placer un
de mes frères sur un trône que ses maîtres venaient d'abandonner. Ils en étaient
descendus si facilement, que je crus qu'il
y monterait de même.

Rien en effet ne semblait s'y opposer :
la junte de Baïonne l'avait reconnu ;
aucun pouvoir légal n'était resté en
Espagne pour refuser ce changement
de règne ; le vieux roi s'était montré
reconnaissant de ce que j'avais ôté le
trône à son fils, et il était allé se reposer à Compiègne. Son fils fut conduit
au château de Valençay, où l'on avait
fait les préparatifs nécessaires.

Les Espagnols savaient à quoi s'en
tenir avec leur vieux roi : il ne laissa ni
regrets ni souvenirs ; mais son fils était
jeune ; son règne en espérance. Il était
malheureux ; on en fit un héros : l'imagination se monta en sa faveur. Les
libéraux crièrent à l'indépendance nationale, les moines à l'illégitimité : toute
la nation s'était armée sous ces deux
bannières.

Je conviens que j'ai eu tort de mettre
le jeune roi en séquestre à Valençay.
J'aurais dû le laisser voir à tout le mon-

de, afin de détromper ceux qui s'inté-
ressaient à lui.

J'ai eu tort surtout de ne pas lui permettre de rester sur le trône. Les choses
auraient été de mal en pis en Espagne.
Je me serais acquis le titre de protecteur
du vieux roi, en lui donnant un asile.
Le nouveau gouvernement n'aurait pas
manqué de se compromettre avec les
Anglais. Je lui aurais déclaré la guerre
tant en mon nom qu'en qualité de fondé
de pouvoirs du vieux roi. L'Espagne
aurait confié à son armée le sort de cette
guerre, et dès qu'elle aurait été battue,
la nation se serait soumise au droit de
conquête. Elle n'aurait pas même songé
à en murmurer, parce qu'en disposant
des pays conquis, on ne fait que suivre
les usages reçus.

Si j'avais été plus patient j'aurais suivi
cette marche. Mais je crus que le résultat étant le même, les Espagnols ac-
cepteraient *à priori* un changement de

dynastie que la position des affaires rendait inévitable. Je mis de la gaucherie dans cette entreprise, parce que je supprimai les gradations. Je venais de déplacer ainsi l'ancienne dynastie d'une manière offensante pour les Espagnols. Blessés dans leur orgueil, ils ne voulurent pas reconnaître celle que j'avais mise à sa place. Il en résulta qu'il n'y eut plus d'autorité nulle part, c'est-à-dire qu'elle se trouva partout. La nation en masse se crut chargée de la défense de l'État, puisqu'il n'y avait plus d'armée ou d'autorité auxquelles on pût confier cette défense. Chacun en prit la responsabilité : je créai l'anarchie. Je trouvai contre moi toutes les ressources qu'elle donne. J'eus toute la nation sur les bras.

Cette nation, dont l'histoire n'a signalé que l'avarice et la férocité, était peu redoutable devant l'ennemi ; elle fuyait à la vue de nos soldats ; mais elle

les assassinait par derrière. Ils en étaient
révoltés ; ils avaient les armes à la main :
ils usaient de représailles. De représailles en représailles cette guerre est
devenue une arène d'atrocités.

J'ai senti qu'elle imprimait un caractère de violence à mon règne ; qu'elle
était d'un exemple dangereux pour les
peuples et funeste pour l'armée, parce
qu'elle consommait beaucoup d'hommes
et fatiguait le soldat. J'ai senti qu'elle
avait été mal commencée ; mais une fois
que cette guerre avait été entamée, il
n'était plus possible de l'abandonner.
Car le plus petit revers enflait mes ennemis, et remettait l'Europe en armes.
J'ai été obligé d'être toujours victorieux.

Je ne tardai pas à en faire l'épreuve.

J'étais allé en Espagne, afin d'accélérer les événemens et de connaître le
terrain sur lequel j'allais laisser mon
frère. J'avais occupé Madrid, et détruit
l'armée anglaise qui venait à son se-

cours. Mes succès étaient rapides ; l'effroi à son comble ; la résistance allait
finir ; il n'y avait pas un moment à
perdre ; on n'en perdit pas non plus.
Le ministère anglais arma l'Autriche.
Il a toujours été aussi actif à me trouver
des ennemis que je l'ai été à les battre.
Le projet de l'Autriche fut mené
pour cette fois très-adroitement ; il me
surprit. Il faut rendre justice à ceux
qui la méritent.

Mes armées étaient éparpillées à
Naples, à Madrid, à Hambourg. J'étais
moi-même en Espagne. Il était probable que les Autrichiens devaient,
en débutant, obtenir des succès. Ces
succès pouvaient en amener d'autres ;
dans ce genre, c'est le premier pas qui
coûte. Ils auraient pu tenter la Prusse
et la Russie, retremper le courage des
Espagnols, et rendre de la popularité
au ministère anglais.

La cour de Vienne a une politique

*

tenace, que les événemens ne déran-
gent jamais. J'ai été long-temps avant
d'en deviner la cause. Je me suis aper-
çu enfin, mais trop tard, que cet État
n'avait de si profondes racines que parce
que la bonhomie du gouvernement l'a
laissé dégénérer en oligarchie. L'État
n'est plus mené que par une centaine
de nobles. Ils possèdent le territoire,
et se sont emparés des finances, de la
politique, et de la guerre. Au moyen
de quoi ils sont maîtres de tout, et
n'ont laissé à la cour que la signature.

Or, les oligarchies ne changent jamais d'opinions, parce que leurs intérêts sont toujours les mêmes. Elles font
mal tout ce qu'elles font ; mais elles
font toujours, parce qu'elles ne meu-
rent jamais. Elles n'obtiennent jamais
de succès ; mais elles supportent admi-
rablement les revers, parce qu'elles les
supportent en société.

L'Autriche a dû quatre fois son salut

à cette forme de gouvernement. Elle décida de la guerre qu'on venait de me déclarer.

Je n'avais pas un moment à perdre. Je quittai brusquement l'Espagne, et courus sur le Rhin. Je ramassai les premières troupes que je trouvai sous ma main. Le prince Eugène s'était déjà laissé battre en Italie ; je lui envoyai des renforts. Les rois de Souabe et de Bavière me prêtèrent leurs troupes : j'allai battre avec elles les Autrichiens à Ratisbonne, et je marchai sur Vienne.

Je suivis à marches forcées la rive droite du Danube. Je comptai sur le succès du vice-roi pour opérer notre jonction. Je voulais devancer les Autrichiens à Vienne, y passer le Danube, et me trouver en position pour recevoir l'archiduc.

Ce plan était bien conçu ; mais il était imprudent, parce que j'avais affaire à un habile homme, et que je n'avais

pas assez de troupes. Mais la fortune
était alors pour moi.

L'archiduc fit en revanche une très-
belle marche. Il devina mon projet et
gagna les devans. Il se porta rapidement sur Vienne, par la rive gauche
du Danube, et prit position en même
temps que moi. C'est à ma connaissance
la seule belle manœuvre que les Autrichiens aient jamais faite.

Mon plan de campagne était manqué.
J'étais en présence d'une armée formidable. Elle dominait mes mouvemens,
et me forçait à l'inaction. Il n'y avait
plus qu'une grande affaire qui pût terminer la guerre. C'était moi qui devais
attaquer. L'archiduc m'avait réservé ce
rôle. Il n'était pas facile à jouer, car il
était en position de me recevoir.

Par un bonheur inespéré, l'archiduc
Jean, au lieu de contenir à tout prix
le vice-roi, se laissa battre. L'armée
d'Italie le rejeta de l'autre côté du Da-

nube. Nous eûmes pour nous toute sa droite.

Mais, comme nous ne voulions pas y rester toujours, il fallait en finir. Je fis jeter des ponts. L'armée s'ébranla. Le corps du maréchal Masséna déboucha le premier. Il commençait le feu, lorsqu'un accident rompit les ponts. Il était impossible de les réparer assez tôt pour le secourir. Il fut attaqué par toute l'armée ennemie. Cette troupe se défendit avec une valeur héroïque ; car elle était sans espoir. Les munitions manquèrent; ils allaient périr, lorsque les Autrichiens cessèrent leur feu, croyant qu'à chaque jour suffit sa peine. Ils reprirent position au moment décisif, et me tirèrent d'une cruelle angoisse.

Nous n'en avions pas moins éprouvé un revers. Je m'en aperçus par l'état de l'opinion. On publiait ma défaite; on annonçait ma retraite, ou en donnait les détails ; on prévoyait ma perte.

Les Tyroliens s'étaient révoltés ; il avait fallu y envoyer l'armée de Bavière. Des partis s'étaient armés en Prusse et en Westphalie, et couraient le pays pour exciter un soulèvement. Les Anglais tentaient une expédition contre Anvers, qui aurait réussi sans leur ineptie. Ma position empirait chaque jour.

Enfin je parvins à jeter de nouveaux ponts sur le Danube. L'armée passa le fleuve par une nuit épouvantable. J'assistai à ce passage, parce qu'il me donnait de l'inquiétude. Il se fit à souhait. Nos colonnes eurent le temps de se former, et cette grande journée s'ouvrit sous d'heureux auspices.

La bataille fut belle, parce qu'elle fut disputée. Les généraux ne firent cependant pas de grands efforts d'imagination, parce qu'ils commandaient de grosses masses, sur un terrain plat. Il fut long-temps défendu. L'in-

trépidité de nos troupes, et une manœuvre hardie de Macdonald décidè-
rent la journée.

Une fois rompue, l'armée autri-
chienne défila en désordre dans une
longue plaine, où elle perdit beaucoup
de monde. Je la suivis vivement, car il
fallait décider la campagne. Battue en
Moravie, il n'y eut d'autre parti à
prendre que celui de me demander la
paix. Je l'accordai pour la quatrième
fois.

J'espérais qu'elle serait durable,
parce qu'on se lasse d'être battu,
comme de toute autre chose, et parce
qu'un assez grand parti, dans Vienne,
opinait en faveur d'une alliance finale
avec l'empire.

Je souhaitais la paix, parce que je
sentais le besoin d'accorder quelque
relâche aux peuples. Car au lieu de
goûter les avantages de la révolution,
ils n'en avaient vu jusqu'à présent que

les ravages. Nous n'étions plus des pro-
tecteurs pour eux, comme au commencement de la guerre ; et pour accoutu-
mer l'opinion de l'Europe à la nature
de mon pouvoir, il ne fallait pas le
montrer toujours sous un aspect hostile.

Le parti ennemi assurait en revanche
à la foule, qu'il ne s'armait que pour
la délivrer du fléau de la guerre, et
pour faire baisser les marchandises an-
glaises.

Ces insinuations faisaient des pro-
sélytes. La guerre dépopularisait la révolution. C'est pourquoi je désirais la
paix ; mais il fallait obtenir le consentement du ministère anglais ; l'Autriche
se chargea de la demander. On la refusa.

Ce refus m'inquiéta. Il fallait que
l'Angleterre se connût des ressources
dont je n'avais pas le secret. Je cherchai
à les découvrir, mais en vain.

Au lieu de désarmer, je fus forcé de

rester sur le pied de guerre, et de fatiguer l'Europe. J'en étais d'autant plus fâché, que les alliés avaient tout l'honneur de la lutte, si j'en avais les succès. Car ils avaient l'air innocent que donne la défense des choses qu'on appelle légitimes parce qu'elles sont vieilles. J'avais en revanche l'air agresseur, parce que je me battais pour les détruire, et pour faire du neuf. Je portais ainsi seul le poids de l'accusation. Et cependant la guerre de la révolution n'a été que le résultat de la position de l'Europe. C'était la crise qui changeait ses mœurs. C'était la conséquence inévitable du passage d'un système social à un autre. Si j'avais été l'inventeur de ce système, j'aurais été coupable des maux qu'il a faits. Mais il n'a été inventé par personne. Il n'a été produit que par la marche du temps. Elle a préparé sourdement cette révolution comme elle avait amené celle du protestantisme, avec les malheurs qui l'ont suivie. La guerre n'a pas dépendu davantage de moi que des alliés. Elle a dépendu de la manière dont la création a fait le genre humain.

L'Angleterre continua la guerre sans auxiliaires, mais non pas sans alliés; car elle avait pour tels tous les ennemis de la révolution. Nous avions du terrain en Espagne pour nous battre. J'y renvoyai mes troupes; mais je n'y retournai pas moi-même. J'ai eu tort, parce qu'il n'y a que soi qui fasse bien ses affaires. Mais j'étais fatigué de ce tracas, et je méditais dès-lors un projet qui devait donner à mon règne un nouveau caractère.

On me suscita auparavant un autre embarras dont je n'avais pas eu l'appréhension. Le Nord était occupé par mes troupes. Les Anglais n'étaient pas assez forts pour m'attaquer sur ce point. C'était dans la Méditerranée que leur

marine leur assurait de la supériorité.
Ils y possédaient Malte, et jouissaient
de la Sicile, des côtes d'Espagne, d'A-
frique, et de la Grèce. Ils voulurent
profiter de tant d'avantages.

Ils essayèrent d'exciter un mouvement de réaction en Italie, pour en
faire une seconde Espagne, si la chose
était faisable. Il y avait des mécontens
partout : car je n'avais pas pu placer
tout le monde dans les droits-réunis. Il
y en avait en Italie comme ailleurs. Le
clergé ne m'aimait pas, parce que mon
règne avait détruit le sien. Les dévots
me détestaient à son exemple. Le bas
peuple partageait ces sentimens, parce
que le clergé l'influençait encore en
Italie. Le quartier-général de cette opposition s'était établi à Rome, comme
la seule ville d'Italie où elle espérait se
dérober à ma surveillance. Elle com-
muniquait de là avec les Anglais ; elle
provoquait la révolte ; elle m'insultait

dans des écrits clandestins ; elle répandait de faux bruits. Elle recrutait pour les Anglais ; elle soudoyait les bandits du cardinal Ruffa, pour assassiner les Français ; elle essayait de faire sauter le palais du ministre de la police à Naples. Il devenait manifeste que les Anglais avaient un plan sur l'Italie, et qu'ils y fomentaient des troubles.

Je ne devais pas le permettre : je ne devais pas souffrir qu'on insultât et qu'on assassinât des Français. Je me contentai d'en faire à diverses reprises des plaintes au saint-siège. J'en recevais des réponses obligeantes pour m'engager à prendre mon mal en patience. Comme je n'ai jamais été patient de mon naturel, je vis qu'il y avait une mauvaise volonté décidée contre nous, et qu'il fallait prendre les devants pour en prévenir l'explosion. Je fis occuper Rome par mes troupes.

Au lieu d'arrêter l'effervescence, cette

mesuré, un peu violente, irrita les es-
prits. Elle maintint le repos de l'Italie,
et déjoua les plans de lord Bentinck;
mais la caste des dévots fit secrètement
contre moi tout ce que la haine et l'esprit de l'Église peuvent suggérer.

Ce foyer de troubles avait des rami-
fications en France et en Suisse. Le
clergé, les mécontens, les partisans de
l'ancien régime (car il y en avait encore), s'étaient réunis pour intriguer
contre mon autorité, et me faire le plus
de mal qu'ils pourraient. Ils ne se pré-
sentaient plus comme des conjurés; ils
avaient emprunté les bannières de l'É-
glise, et se battaient avec des foudres,
et non pas avec du canon. Ils avaient
leur mot d'ordre et de ralliement. C'é-
tait une maçonnerie orthodoxe que je ne
pouvais atteindre nulle part, parce
qu'elle était partout.

Il était d'ailleurs difficile d'attaquer
ces gens en détail, parce que ç'aurait

**

été une persécution. Or, c'est le métier des faibles et non des forts. Je crus
pouvoir dissiper ce parti en l'effrayant
par un grand coup d'autorité. Je voulais lui montrer ma résolution, pour lui
faire comprendre que je voulais maintenir le respect de l'ordre et de l'autorité, et que rien ne me coûtait pour y
parvenir.

Je savais que je ne pouvais pas atteindre plus sûrement ce parti qu'en le sé-
parant du chef de l'Église. J'attendis
long-temps avant de prendre cette résolution, parce que j'y répugnais ; mais
plus je tardais plus il devenait nécessaire
de me décider. Je me répétai que Char-
les - Quint, qui était plus dévot et
moins puissant que moi, avait osé faire
un pape prisonnier. Il ne s'en était pas
mal trouvé, et je crus pouvoir tenter la
même chose. Le pape fût enlevé de
Rome, et conduit à Savone. Rome fut
réunie à la France.

Cet acte politique a suffi pour déjouer les projets de l'ennemi. L'Italie est restée calme et dévouée jusqu'au jour où l'empire a fini. Mais la guerre de l'Église se poursuivit avec le même acharnement. Le zèle des dévots se ralluma. C'était une action sourde, mais venimeuse, contre moi. Quelque soin que j'aie pris, les dévots sont parvenus à communiquer avec Savone, et à recevoir leurs instructions. Les trapistes de Fribourg faisaient aller cette correspondance ; elle s'imprimait chez eux, et circulait de curés en curés dans tout l'empire. Il fallut transférer le saint-père à Fontainebleau, et chasser les trapistes pour arrêter ces communications. Et je crois que je n'y suis pas parvenu.

« Cette petite guerre a été d'un mauvais effet, parce que je n'ai pu lui ôter le caractère de persécution. Il fallait sévir forcément contre des gens désar-

més, et j'en faisais malgré moi des victimes. Ces malheureuses affaires de
l'Église m'ont fait jusqu'à cinq cents
prisonniers d'État. La politique n'en a
pas donné cinquante. J'ai eu tort dans
toute cette affaire ! j'étais assez fort pour
laisser courir les faibles, et j'ai fait
beaucoup de mal, parce que j'ai voulu
le prévenir.

Un grand projet occupait l'État. Il me
paraissait de nature à consolider mon
règne en me plaçant vis-à-vis de l'Europe dans un nouveau rapport. J'en attendais de grands résultats.

Mon pouvoir n'était plus contesté ; il
ne lui manquait que le caractère de per-
pétuité, qu'il ne pouvait recevoir tant
que je n'aurais point d'héritier. Ma
mort pouvait être sans cela un moment
dangereux pour ma dynastie ; car pour
être entière il ne faut pas qu'une autorité ait des époques marquées d'avance.

Je comprenais la nécessité de me séparer d'une femme dont je ne pouvais plus attendre de postérité : j'y répugnais par la douleur de quitter la personne que j'ai le plus aimée. Je fus long-temps avant de m'y résoudre. Mais elle s'y résigna d'elle-même avec le dévouement qu'elle a toujours eu pour moi. J'acceptai son sacrifice, parce qu'il était indispensable. La politique la plus simple m'indiquait l'alliance de la maison d'Autriche. La cour de Vienne était fatiguée de ses revers. En s'unissant sans retour avec moi, elle mettait sa sécurité sous ma garantie. Par cette alliance elle devenait complice de ma grandeur, et j'avais dès-lors autant d'intérêt à la protéger que j'en avais eu à la battre. Par cette alliance nous formions la masse de puissance la plus formidable qui ait existé. Nous dépassions l'empire romain. Cette alliance se contracta.

Il ne resta plus sur le continent, en dehors de notre masse, que la Russie et les débris de la Prusse. Le reste nous obéissait. Une si grande prépondérance devait porter le découragement chez nos ennemis, et j'ai pu croire, sans trop de prévention, que j'avais fini mon œuvre, et que j'avais placé mon trône à l'abri des tempêtes.

Mon calcul était juste, mais les passions ne calculent pas. L'apparence était cependant en ma faveur. Le continent était tranquille, et s'accoutumait à me voir régner. Il me le témoignait du moins par ses génuflexions. Elles étaient si profondes qu'un plus habile y aurait été trompé comme moi. Le respect qu'on portait au sang de la maison d'Autriche légitimait mon règne aux yeux des souverains. Ma dynastie prenait rang dans l'Europe, et je sentais qu'on ne disputait plus le trône au fils à qui l'Impératrice venait de donner le jour.

Il n'y avait plus de troubles qu'en Espagne, où les Anglais avaient porté de grandes forces. Mais cette guerre ne me donnait pas d'inquiétude, parce que j'étais résolu d'être plus tenace encore que les Espagnols, et qu'avec du temps on vient à bout de tout.

L'empire était assez fort pour soutenir cette guerre sans en être offensé. Elle n'empêchait ni les embellissemens dont je décorais la France, ni les entreprises utiles qu'elle réclamait. L'administration s'améliorait. J'organisais les institutions qui devaient assurer la force de l'empire, en relevant une génération pour devenir son appui.

L'obligation de maintenir le système continental amenait seule des difficultés avec les gouvernemens dont le littoral facilitait la contrebande. Entre ces États la Russie se trouvait dans une situation embarrassante : sa civilisation n'était pas assez avancée pour lui permettre de se passer des produits de l'Angleterre. J'avais exigé, cependant, qu'ils fussent prohibés : c'était une absurdité, mais elle était indispensable pour compléter le système prohibitif. La contrebande se faisait. Je l'avais prévu, parce que le gouvernement russe surveille mal son pays. Mais comme on passe moins facilement par les portes fermées que par les portes ouvertes, la contrebande amène toujours beaucoup moins de marchandises que la libre entrée. Je remplissais ainsi les deux tiers de mon but. Cependant je ne m'en plaignis pas moins. On se justifia ; on recommença. Nous nous irritions. Cette manière d'être ne pouvait pas durer.

Nous devions en effet nous froisser avec la Russie, depuis l'alliance que j'avais contractée avec l'Autriche. La Russie devait savoir que notre union politique ne pouvait plus avoir d'autre ennemi qu'elle-même ; attendu que nous étions maîtres de tout le reste. Il fallait donc qu'elle se résignât à une complai-

sante nullité, ou qu'elle essayât de nous
tenir tête, et de maintenir son rang. Elle
était trop forte pour consentir à n'être
rien. Elle était aussi trop faible pour
nous résister ; mais dans cette alterna-
tive il valait mieux mettre de la fierté
dans son attitude, que de se reconnaître d'avance pour vaincue. Car ce dernier parti est toujours le plus mauvais.
La Russie se décida pour le premier.

D'après cela je rencontrai inopinément de la hauteur dans mes rapports
avec Pétersbourg. On me refusa de con-
fisquer les contrebandes. On se plaignit
de l'occupation du pays d'Oldenbourg.
Je répondis sur le même ton. Il était
clair que nous allions nous brouiller ;
car nous n'étions endurans ni l'un ni
l'autre, et nous étions de force à nous
mesurer.

J'avais une grande confiance dans
l'issue de cette guerre ; parce que j'avais
conçu un plan au moyen duquel j'espé-

rais terminer, pour toujours, la longue lutte dans laquelle j'avais consumé ma vie. Il me semblait, d'ailleurs, que, parvenu au point où nous en étions de notre histoire, les souverains de l'Europe ne devaient point prendre de part directe à ce dernier conflit; car nos intérêts étaient devenus les mêmes. La politique des princes devait pencher maintenant en ma faveur; parce que mon métier n'était plus d'ébranler les trônes, mais de les raffermir. J'avais rendu de nouveau la royauté formidable. En cela j'avais travaillé pour eux. Ils étaient sûrs de régner par mon alliance, également à l'abri de la guerre et des révolutions.

Cette politique était si grosse, que je crus les souverains assez clairvoyans pour l'apercevoir. Je ne me défiai pas d'eux. Qui aurait pu deviner, en effet, que, séduits par la haine qu'ils avaient pour moi, ils abandonneraient le parti du trône, et remettraient eux-mêmes la révolution dans leurs États, pour en être tôt ou tard les victimes?

J'avais calculé que la Russie était d'un trop gros volume pour qu'elle pût jamais entrer dans le système européen que je venais de refaire, et dont la France était le centre. Il fallait donc la remettre en dehors de l'Europe pour qu'elle ne gâtât pas l'unité de ce système. Il fallait donner à cette nouvelle démarcation politique des frontières assez solides pour résister au poids de toute la Russie. Il fallait remettre de force cet État dans la place qu'il occupait il y a cent ans.

Il n'y avait que la masse de mon empire qui fût assez vigoureuse pour tenter un pareil acte de violence politique. Mais je crois qu'il était possible, et je crois qu'il était l'unique moyen de mettre le monde à l'abri des Cosaques.

Pour faire réussir ce plan, il fallait

refaire la Pologne sur une base étoffée, et battre les Russes pour leur faire accepter les frontières qu'on allait tracer avec la pointe de l'épée. La Russie aurait pu signer sans honte la paix qui devait établir ces frontières; parce qu'elle n'aurait rien eu d'outrageant pour elle! C'était un aveu de sa force, un signe de crainte de notre part.

Placée ainsi, par mes précautions, hors du rayon de l'économie européenne; séparée de cette économie par trois cent mille gardiens, la Russie aurait renoué avec l'Angleterre : elle aurait conservé son indépendance politique et sa manière d'être dans leur intégrité; parce qu'elle nous aurait été aussi étrangère que le royaume du Thibet.

Il n'y avait de raisonnable que ce plan. On en regrettera tôt ou tard la ruine : car l'Europe, rangée par un consentement mutuel sous un système unique, refondu sur le modèle que demandait la disposition du siècle, aurait offert le plus grand spectacle que l'histoire ait décrit. Mais trop de préventions obstruaient les yeux des souverains, pour qu'ils pussent voir le danger là où il était. Ils crurent le voir là où était le secours.

Je partis pour Dresde. Cette guerre allait décider, sans retour, la question qui se débattait depuis vingt ans, puisque cette guerre devait être la dernière; car au-delà de la Russie, le monde finit. Nos ennemis n'avaient plus qu'un moment : c'est pourquoi ils tentèrent leur dernier effort. La cour d'Autriche commença par déranger mes plans sur la Pologne, en refusant de rendre ce qu'elle en avait pris. Je crus être tenu à des égards pour elle, et cette seule faiblesse a perdu mes affaires; car du moment que j'avais cédé sur ce point, il me fut impossible d'aborder franche-

***

ment la question de l'indépendance po-
lonaise. Je fus obligé de morceler ce
pays sur lequel devait reposer la sécurité de l'Europe. Je donnai, par ma
faiblesse, du mécontentement, et surtout de la défiance aux Polonais ; car ils
virent que je les sacrifiais à mes conve-
nances. Je sentis ma faute, et j'en eus
honte. Je ne voulus plus aller à Var-
sovie ; je n'y avais plus rien à faire
pour le moment. Je n'avais plus d'autre
parti à prendre que celui de confier
aux victoires à venir le sort de cette
nation.

Je savais que la témérité réussit souvent : je pensai qu'il me serait possible
de faire en une seule campagne ce
que j'avais compté faire en deux. Cette
promptitude me plaisait, car je com-
mençais à avoir de l'inquiétude dans le
caractère. J'étais à la tête d'une armée
qui ne connaissait plus d'autres sentimens que celui de la gloire, et plus

d'autre patrie que les champs de bataille. Au lieu d'assurer mon terrain,
et d'avancer à coup sûr, je traversai la
Pologne, et passai le Niémen. Je battis
les armées qu'on m'opposa ; je marchai
sans relâche, et j'entrai dans Moskou.

Ce fut le terme de mes succès, et
ç'aurait dû être celui de ma vie.

Maître d'une capitale que les Russes
m'avaient remise en cendres, j'aurais dû
croire que cet empire s'avouerait vaincu
et qu'il accepterait les belles conditions
de la paix que je lui fis proposer. Mais
ce fut alors que la fortune abandonna
notre cause. L'Angleterre conclut un
traité entre la Russie et la Porte qui ren-
dit l'armée russe disponible. Un Français, tombé par hasard sur le trône de
Suède, trahit les intérêts de sa patrie, et
s'allia avec ses ennemis, dans l'espoir
de troquer la Finlande contre la Nor-
wège.

Il traça lui-même le plan de défense

de la Russie, et l'Angleterre empêcha qu'elle n'acceptât la paix. Je fus étonné des retards qu'éprouvait sa conclusion. La saison s'avançait. Il devint évident qu'on ne voulait pas la paix. Dès que j'en fus certain, j'ordonnai la retraite. Les élémens la rendirent sévère. Les Français s'y acquirent de l'honneur, par la fermeté avec laquelle ils supportèrent ces revers. Leur courage ne les a jamais quittés qu'avec la vie.

Ébranlé moi-même par la vue de ce désastre, j'ai eu besoin de me rappeler qu'un souverain ne doit jamais ni plier ni s'attendrir.

L'Europe était encore plus étonnée de mes revers qu'elle ne l'avait été de mes succès. Mais je ne devais pas me méprendre à sa stupeur. Je venais de perdre la moitié de cette armée qui avait fait sa terreur. On pouvait espérer d'en vaincre les restes, car la proportion des forces était changée. Je devais donc pré-

voir que, le premier étonnement passé ;
j'allais retrouver contre moi l'éternelle
coalition dont j'entendais déjà les cris
de joie.

C'est un mauvais moment pour faire
la paix, que celui d'une défaite. Cependant l'Autriche, qui se consolait de me
voir baisser (puisque sa part dans notre
alliance en devenait meilleure), l'Autriche voulut proposer la paix. Elle offrit
sa médiation ; mais on n'en voulut pas ;
elle avait tué son crédit.

Il fallait donc vaincre de nouveau, et
je fus sûr de mon fait lorsque je vis la
France partager mon opinion. Jamais
l'histoire n'a montré un grand peuple
sous un plus beau jour. Affligé de ses
pertes, il ne songea qu'à les réparer.
En trois mois il en vint à bout. Ce seul
fait répond aux clabauderies de ces hommes qui ne savent triompher que par les
désastres de leur patrie.

La France me doit peut-être en partie

l'attitude qu'elle conserva dans le malheur ; et s'il y a eu dans ma carrière un moment qui mérite l'estime de la postérité, ce doit être celui-là, car il me fut pénible à soutenir.

Je reparus ainsi, à l'ouverture de la campagne, aussi formidable que jamais. L'ennemi fut surpris de revoir sitôt nos aigles : l'armée que je commandais était plus belliqueuse qu'aguerrie ; mais elle portait l'héritage d'une longue gloire, et je la menai à l'ennemi avec confiance. J'avais une grande tâche à remplir ; il fallait refaire notre crédit militaire, et reprendre sous œuvre la lutte qui avait été près de se terminer. Je tenais encore l'Italie, la Hollande, et la plupart des places de l'Allemagne. Je n'avais perdu que peu de terrain ; mais l'Angleterre doublait ses efforts. La Prusse nous faisait la guerre par insurrection. Les princes de la confédération se tenaient prêts à marcher au secours du plus fort ;

et comme je l'étais encore, ils suivaient mes drapeaux, mais mollement. L'Autriche tâchait de garder la dignité des neutres ; tandis qu'on courait l'Allemagne avec des brandons pour ameuter les peuples contre nous. Tout mon système était ébranlé.

Le sort du monde appartenait au hasard ; car il n'y avait de plan arrêté nulle part. Il dépendait d'une bataille. La Russie devait décider la question ; parce qu'elle se battait avec de grandes forces et de bonne foi.

J'attaquai l'armée prusso-russe, et je la battis trois fois.

Comme ce succès dérangeait les plans des favoris de l'Angleterre, on fit semblant d'abandonner tous les projets hostiles, et l'on chargea l'Autriche de me proposer la paix.

Les conditions en étaient supportables en apparence, et beaucoup d'autres à ma place les auraient acceptées. Car on ne demandait que la restitution des provinces illyriennes et des villes anséatiques ; la nomination de souverains indépendans dans les royaumes d'Italie et de Hollande ; la retraite de l'Espagne, et le retour du pape à Rome. On devait me demander en outre de renoncer à la confédération du Rhin et à la médiation de la Suisse ; mais on avait ordre de céder sur ces deux articles.

J'étais donc bien baissé dans l'opinion, puisque après trois victoires, on osait m'offrir d'abandonner des États que les alliés n'osaient pas même menacer encore.

Si j'avais consenti à recevoir la paix, l'empire aurait déchu plus vite qu'il ne s'était élevé. Il restait, par ce traité, encore puissant sur la carte, mais il n'était plus rien dans le fait. L'Autriche, en s'élevant au rôle de médiateur, rompait notre alliance, et s'unissait à l'ennemi. En restituant les villes anséatiques, j'apprenais que je pouvais rendre, et tout le monde aurait voulu ravoir son indépendance. Je mettais l'insurrection dans tous les pays réunis. En abandonnant l'Espagne, j'encourageais toutes les résistances. En déposant la couronne de fer, je mettais en compromis celle de l'empire. Les chances de la paix m'étaient toutes funestes ; celles de la guerre pouvaient me sauver.

Il faut le dire, de trop grands succès et de trop grands revers avaient marqué mon histoire, pour qu'il me fût possible alors de remettre la partie à un autre jour. Il fallait que la grande révolution du dix-neuvième siècle s'achevât sans retour, ou qu'elle s'étouffât sous un monceau de morts. Le monde entier était en présence pour décider cette question. Si j'avais signé la paix à Dresde, je l'aurais laissée indécise, et il aurait fallu la reprendre plus tard. Il aurait fallu recommencer cette longue carrière de succès que j'avais déjà parcourue. Il aurait fallu la recommencer, lorsque je n'étais plus jeune, avec un empire fatigué, auquel j'avais promis la paix, et qui m'aurait blâmé de ne l'avoir pas acceptée.

Il valait donc mieux profiter d'un moment unique, où la destinée du monde ne tenait plus qu'à une seule bataille; car on me l'aurait abandonné, si je l'avais gagnée.

Je refusai la paix. Comme chacun voit par ses yeux, l'Autriche ne vit que mon imprudence, et crut le moment favorable pour se ranger avec mes ennemis. Je ne fus cependant convaincu de cette défection qu'au dernier moment; mais j'étais en mesure de la soutenir. Mon plan de campagne était fait. Il aurait produit un résultat décisif.

L'inconvénient des grandes armées, c'est que le général ne peut être partout.

Mes manœuvres étaient, je crois, les
meilleures que j'aie combinées ; mais le
général Vandamme quitta sa position,
et se fit prendre, croyant se faire maréchal de l'empire. Macdonald manqua
de se noyer dans des débordemens. Le
maréchal Ney se laissa franchement
battre ; mon plan fut renversé dans
quelques heures.

J'étais battu ; j'ordonnai la retraite ;
j'étais encore assez fort pour reprendre
l'offensive, en changeant de terrain. Je
ne voulus pas perdre l'avantage des
places que j'occupais, puisqu'avec une
seule victoire je me retrouvais maître
du nord jusqu'à Dantzick. Je renforçai,
au contraire, mes garnisons, en leur
ordonnant de tenir jusqu'à l'extrémité.
En cela elles ont exécuté mes ordres.

Je me retirais lentement avec une
masse imposante ; mais je me retirais,
et les ennemis me suivaient en se gros-
sissant ; car rien n'augmente les batail-

lons comme le succès. Toute l'inimitié
que le temps avait amassée, se soulevait
à la fois. Les Allemands voulaient se
venger des maux de la guerre; le moment était propice; j'étais battu. Comme
je l'avais prévu, les ennemis sortaient
de terre. Je les attendis à Leipsick,
dans ces mêmes plaines où ils avaient
été battus peu auparavant.

Notre position n'était pas bonne,
parce que nous étions attaqués en demi-
cercle. La victoire même ne pouvait pas
avoir de grands résultats pour nous.
Nous eûmes en effet l'avantage le premier jour; mais sans pouvoir reprendre
l'offensive. C'était donc une bataille
nulle, et il fallut la recommencer. L'armée se battait bien malgré sa lassitude;
mais alors, par un acte que la postérité
désignera comme elle voudra, les alliés
qui se battaient dans nos rangs tournè-
rent inopinément leurs armes contre
nous, et nous fûmes vaincus.

Nous reprîmes le chemin de la France.
Mais une si grande retraite ne put pas
se faire sans désordre. L'épuisement,
la faim, firent périr beaucoup de monde.
Les Bavarois, après avoir déserté nos
drapeaux, voulurent nous empêcher de
revenir en France. Les Français passè-
rent sur leurs cadavres, et rentrèrent
à Mayence. Cette retraite coûta autant
de monde que celle de Russie.

Nos pertes étaient si grandes, que
j'en fus moi-même consterné. La nation
en fut abattue. Si les ennemis avaient
poursuivi leur marche, ils seraient en-
trés avec notre arrière-garde dans Paris.
Mais l'aspect de la France les intimida.
Ils regardèrent long-temps nos frontières, avant d'oser les franchir.

Il ne s'agissait plus alors de la gloire,
mais de l'honneur de la France : c'est
pourquoi je comptais sur les Français.
Mais je n'étais plus heureux ; je fus mal
servi. Je n'en accuse pas ce peuple,

toujours prêt à verser son sang pour sa
patrie. Je n'en accuse pas la trahison ;
car il est plus difficile de trahir qu'on
ne croit. Je n'en accuse que ce découragement, fruit ordinaire du malheur.
Je n'en fus pas exempt moi-même.
L'homme découragé reste indécis, parce
qu'il ne voit devant lui que de mauvais
partis, et ce qu'il y a de pire dans les
affaires c'est l'indécision.

J'aurais dû me défier davantage de cet
abâtardissement général, et pourvoir à
tout par moi-même. Mais je me confiai à un
ministère épouvanté, où tout s'exécutait
mal. Les places fortes n'étaient ni répa-
rées ni munies, parce qu'elles n'avaient
pas été menacées depuis vingt ans. Le
zèle des paysans y pourvut ; mais la
plupart des commandans étaient de
vieux infirmes, qu'on avait mis là pour
se reposer. La plupart de mes préfets
étaient timides, et ne songèrent qu'à
emballer au lieu de se défendre. J'aurais

dû les changer à temps pour n'avoir en
première ligne que des hommes intré-
pides ; si tant est qu'on en trouve dans
ceux qui ont à perdre.

Rien n'était encore prêt pour notre
défense, lorsque les Suisses livrèrent
aux alliés le passage du Rhin. Malgré
leurs victoires , les ennemis n'avaient
pas osé l'aborder de front , et ils ne s'a-
vancèrent qu'à pas de loup. Ils étaient
effrayés de marcher sans obstacle sur
cette terre , qu'ils croyaient hérissée
de baïonnettes. Ils ne rencontrèrent nos
avant-gardes qu'à Langres. Alors commença cette campagne , trop connue
pour que je la répète ; mais qui laissera
un nom immortel à cette poignée de
braves , qui ne désespérèrent pas du
salut de la France. Ils me rendirent de
la confiance, et je crus, à trois reprises,
que rien n'était impossible avec de tels
soldats.

J'avais encore une armée en Italie

et de fortes garnisons dans le Nord. Mais je n'avais pas le temps de les faire venir à mon secours. Il fallait vaincre sur place. Le sort de l'Europe s'était concentré sur moi seul. Il n'y avait d'important que le point où j'étais.

Les alliés m'offraient la paix ; tant ils se défiaient de leurs succès. Après l'avoir refusée à Dresde , je ne pouvais pas l'accepter à Châtillon. Pour faire la paix, il fallait sauver la France, et replanter nos aigles sur le Rhin.

Après une telle épreuve, nos armes auraient été réputées invincibles. Nos ennemis auraient tremblé devant cette fatalité qui me donnait la victoire. Maître encore du Midi et du Nord par mes garnisons, une seule bataille me rendait mon ascendant. J'aurais eu la gloire des revers , comme celle des victoires.

Ce résultat était prêt ; mes manœuvres avaient réussi. L'ennemi était tour-

né : il perdait la tête. Une émeute générale allait en finir. Il ne fallait plus
qu'un moment. Mais ma perte était
décidée. Un courrier, que j'avais im-
prudemment adressé à l'impératrice,
tomba dans les mains des alliés. Il leur
fit voir qu'ils étaient perdus. Un Corse,
qui se trouvait dans leur conseil, leur
apprit que la prudence était plus dangereuse que l'audace. Ils prirent le seul
parti que je n'avais pas prévu, parce
que c'était le seul bon. Ils gagnèrent
l'avance, et marchèrent sur Paris.

On avait promis de leur en faciliter
l'entrée, mais cette promesse aurait été
illusoire, si j'avais remis la défense de
Paris en de meilleures mains. Je m'étais
confié à l'honneur de la nation, et j'a-
vais laissé follement en liberté ceux que
je connaissais pour en être dépourvus.
J'arrivai trop tard à son secours, et
cette ville, qui n'a su défendre ni ses

souverains ni ses murailles, avait ouvert ses portes à l'étranger.

J'ai accusé le général Marmont de
m'avoir trahi. Je lui rends justice aujourd'hui. Aucun soldat n'a trahi la foi
qu'il devait à son pays. C'est dans une
autre classe qu'on a trouvé des lâches.
Mais je ne fus pas maître d'un premier
mouvement de douleur, en voyant la
capitulation de Paris signée par mon
plus ancien frère d'armes.

La cause de la révolution était per-
due puisque j'étais vaincu. Ce n'étaient
ni les royalistes, ni les poltrons, ni les
mécontens, qui m'avaient renversé ; c'é-
taient les armées ennemies. Les alliés
étaient maîtres du monde, puisque je
ne leur disputais plus cet empire.

J'étais à Fontainebleau, entouré d'une
troupe fidèle, mais peu nombreuse.
J'aurais pu tenter encore avec elle le
sort des combats, car elle était capable

d'actions héroïques. Mais la France aurait payé trop cher le plaisir de cette vengeance. Elle aurait eu le droit de m'accuser de ses maux. Je veux qu'elle ne m'accuse que de la gloire où j'ai porté son nom. Je me résignai.

On vint me proposer des abdications. Pour ma part, je trouvai que c'était une momerie. J'avais abdiqué le jour où j'avais été battu. Mais cette formule pouvait servir un jour à mon fils. Je n'hésitai pas à la signer.

Un parti nombreux aurait souhaité que cet enfant montât sur le trône, pour conserver la révolution avec ma dynastie. Mais la chose était impossible. Les alliés n'avaient pas même de choix; ils étaient obligés de rappeler les Bourbons. Chacun s'est vanté d'avoir opéré leur retour. Ce retour était forcé. Il était la conséquence immédiate des principes pour lesquels on se battait depuis vingt ans. En prenant la cou-

ronne, j'avais mis les trônes à l'abri des
peuples. En la rendant aux Bourbons,
on les mettait à l'abri des soldats heureux. C'était donc la seule manière d'é-
teindre sans retour le feu révolutionnaire. L'appel de tout autre souverain
sur le trône de France, n'aurait été
autre chose qu'une sanction solennelle
de la révolution ; c'est-à-dire un acte
insensé dans l'intérêt des souverains.

Je dirai plus, le retour des Bourbons
était un bonheur pour la France. Il la
sauvait de l'anarchie, et lui promettait
le repos, parce qu'il lui assurait la paix.
Elle était forcée entre les alliés et les
Bourbons, parce qu'ils se servaient mu-
tuellement de garantie. La France n'é-
tait pas complice de cette paix, parce
qu'elle ne se traitait pas en sa faveur,
mais pour le profit de la famille qu'il
convenait aux alliés de remettre sur le
trône. C'était un traité où l'on voulait
faire bonne-part à tout le monde. C'é-

tait donc la meilleure manière dont
la France pût se tirer de la plus grande
défaite qu'une nation guerrière ait jamais éprouvée.

J'étais prisonnier. Je m'attendais à
être traité comme tel. Mais soit par cette
sorte de respect qu'inspire un vieux
guerrier, soit par l'esprit de générosité
qui a présidé à cette révolution, on me
proposa de choisir un asile. Les alliés
me cédèrent une île et un titre, qu'ils
regardèrent comme aussi vains l'un que
l'autre. Ils me permirent, (et en cela
leur générosité fut pleine de noblesse,)
ils me permirent d'amener avec moi un
petit nombre de ces vieux soldats avec
lesquels j'avais couru tant de fortunes.
Ils me permirent d'amener avec moi
quelques-uns de ces hommes que le
malheur ne décourage pas.

Séparé de ma femme et de mon fils,
contre toutes les lois divines et humaines, je me retirai dans l'île d'Elbe,

sans aucune espèce de projets pour l'avenir. Je n'étais plus qu'un des specta-teurs du siècle. Mais je savais, mieux que personne, en quelles mains l'Europe allait tomber. Je savais d'après cela qu'elle serait menée par le hasard. Les chances de ce hasard pouvaient me remettre en jeu. Cependant l'impuissance d'y contribuer m'empêchait de former des plans, et je vivais comme étranger à l'histoire. Mais la marche des événemens se précipita plus que je ne croyais, et je fus surpris par eux dans ma retraite.

Je recevais les journaux : ils m'apprenaient le gros des affaires ; je tâchai d'en saisir l'esprit à travers leurs mensonges.

Il me parut évident que le roi avait connu le secret de notre siècle. Il avait su que la majorité de la France voulait la révolution. Il savait, par vingt-cinq ans d'expérience, que son parti était trop faible pour résister à cette majorité. Il savait que la majorité finit par faire la loi. Il fallait donc pour régner qu'il régnât avec la majorité, c'est-à-dire avec la révolution. Mais pour n'être pas révolutionnaire lui-même, il fallait que le roi refit la révolution comme à neuf, en vertu du droit divin qui lui était départi.

Cette idée était ingénieuse ; elle rendait les Bourbons révolutionnaires en sûreté de conscience, et rendait les révolutionnaires royalistes, en maintenant leurs intérêts et leurs opinions. Il ne devait donc plus y avoir qu'un cœur et qu'une ame dans toute la nation. C'est ce qu'on répétait, mais ce qui n'était pas vrai.

Il y avait cependant tant de bonheur dans cette combinaison, que la France, sous ce régime, aurait été florissante en peu d'années. Le roi aurait résolu, en un trait de plume, le problème pour

lequel j'avais combattu pendant vingt
ans, puisqu'il établissait la nouvelle économie politique en France, et la faisait
reconnaître, sans contestation, de toute
l'Europe. Il ne lui fallait, pour réussir,
que de savoir être maître chez lui.

Pour opérer ce grand œuvre, le roi
avait donné une Charte, jetée sur le
moule où l'on fait toutes les Chartes.
Elle était excellente, parce qu'elles le
sont toutes quand on les fait marcher.
Mais comme les Chartes ne sont que
des feuilles de papier, elles n'ont de
valeur que par l'autorité qui se charge de
les défendre. Or, cette autorité ne se
plaça nulle part. Au lieu de se réunir
dans les seules mains qui en étaient res-
ponsables, le roi la laissa s'éparpiller
dans tout le parti qui portait son nom.
Au lieu d'être l'unique chef de l'État,
il se laissa constituer en chef de parti.
Tout prit en France une couleur fac-
tieuse. L'anarchie s'y mit.

« Dès-lors il n'y eut plus que de l'incon-
séquence et de la contradiction dans le
système de la cour. Les mots n'allaient
jamais aux choses , parce qu'on voulait,
au fond du cœur, autre chose que ce
qui était.

Le roi avait donné la Charte pour
empêcher qu'on ne la prît ; mais il était
évident que, le premier moment passé,
les royalistes espéraient la retirer brin
à brin, parce qu'au fond elle ne leur
allait pas.

Il ne se posait donc que des pierres
d'attente dans l'édifice du gouvernement. On avait refait la noblesse, mais
on ne lui avait donné ni des prérogatives ni du pouvoir. Elle n'était pas démocratique, parce qu'elle était exclusive. Elle n'était pas aristocratique,
puisqu'elle n'était rien dans l'État.
C'était donc un mauvais service qu'on
avait rendu à la noblesse, en la remet-
tant sur pied de cette manière. Car on

l'avait mise en prise, parce qu'elle était offensante, sans lui donner aucun moyen de se défendre. C'était un contre-sens qui devait amener des froisse-mens continuels.

On voulait refaire le clergé; mais on choisit un évêque défroqué pour relever le trône et l'autel.

On voulait passer l'éponge sur la révolution, mais on exhumait ses cadavres.

On voulait faire marcher la révolution de 89 avec les royalistes, et la contre-révolution du 31 mars avec des ex-conventionnels. Ils faisaient également mal leur devoir; parce qu'on ne fait marcher des révolutions qu'avec les hommes qui sont nés avec elles. Le roi n'aurait dû se servir que de gens de vingt ans.

On voulait maintenir la révolution, et l'on avilissait ses institutions. On décourageait par-là la masse de la nation, qui avait été élevée avec elles, et s'était accoutumée à les respecter.

On gardait mes soldats, parce qu'on en avait peur, et on les faisait passer en revue par des gens qui parlaient de gloire en saluant des cosaques.

Personne ne prenait confiance dans ce qui existait, parce qu'on n'y voyait de points d'appui nulle part. Ils n'étaient pas dans les intérêts, puisqu'ils étaient tous compromis ; ni dans les opinions, puisqu'elles étaient toutes froissées ; ni dans la force, puisqu'il n'y avait à la tête des affaires ni bras ni volonté.

J'étais assez bien informé de ce qui se passait à Vienne, dans ce congrès, où l'on s'amusait à me singer. Je sus à temps que les ministres de France avaient décidé le congrès à m'enlever de l'île d'Elbe, pour m'exiler à Sainte-Hélène. J'eus quelque peine à croire que l'empereur de Russie eût consenti

à manquer si vite à la foi des traités ;
car j'ai toujours eu beaucoup d'estime
pour son caractère, mais enfin j'acquis
cette certitude, et je pensai à me soustraire au sort qu'on me destinait.

Mes faibles moyens de défense auraient été bientôt anéantis. Je devais
donc essayer de m'en créer d'assez
grands pour me rendre une seconde
fois redoutable à mes ennemis.

La France n'avait point de confiance
dans son gouvernement. Le gouvernement n'en avait point dans la France.
La nation avait senti que ses intérêts
n'étaient pas ceux du trône ; que ceux
du trône n'étaient pas les siens. C'était
une trahison mutuelle qui devait perdre
l'un ou l'autre. Il était temps de la prévenir, et je conçus un projet qui pa-
raîtra audacieux dans l'histoire, et qui
n'était que raisonnable en réalité.

Je pensai à remonter sur le trône de
France. Quelque faibles que fussent mes

forces, elles étaient encore plus grandes
que celles des royalistes; car j'avais
pour allié l'honneur de la patrie, qui
ne périt jamais dans le cœur des Français.

Je me confiai dans cet appui. Je passai en revue cette petite troupe à laquelle je destinais une si grande entreprise. Ces soldats étaient mal vêtus, car
je n'avais pas eu de quoi les équiper à
neuf. Mais ils avaient des cœurs intré-
pides.

Mes préparatifs ne furent pas longs,
car je n'emportais que des armes. Je
pensai que les Français nous donne-
raient de tout. Le colonel anglais qui
séjournait près de moi, avait été se di-
vertir à Livourne, et je mis à la voile
par un bon vent.

Notre petite flotille n'éprouva pas
d'accident. Notre traversée dura cinq
jours. Je revis la côte de France près
de la même plage où j'avais pris terre

quinze ans auparavant, à mon retour
d'Egypte. La fortune semblait me sou-
rire comme alors : comme alors je
revenais sur cette terre de la gloire,
pour relever ses aigles, et lui rendre
son indépendance.

Je débarquai sans obstacle. Je me re-
trouvai en France. J'y revenais malheureux. Mon cortège ne consistait
qu'en un petit nombre d'amis et de
frères d'armes, qui avaient partagé avec
moi le bonheur et l'adversité. Mais c'é-
tait une raison pour attirer le respect
et l'amour des Français.

Je n'avais point de plan déterminé,
parce que je n'avais que des données
vagues sur l'état des choses. J'attendais
mes décisions des événemens. J'avais
seulement quelques partis pris pour des
cas probables.

Je n'avais qu'une seule route à tenir,
parce qu'il me fallait un point d'appui.
Grenoble était la place forte la plus

voisine. Je marchai donc sur Grenoble
aussi vite que possible, parce que je
voulais savoir à quoi m'en tenir sur mon
entreprise. L'accueil que je reçus sur
ma route dépassa mon attente, et con-
firma mon projet. Je vis que la portion
du peuple, qui n'était corrompue ni par
des passions ni par des intérêts, conser-
vait un caractère mâle que l'humiliation
blessait.

Je découvris enfin les premières troupes qu'on avait fait marcher contre moi.
C'étaient de mes soldats. Je m'avançai
sans crainte, tant j'étais sûr qu'ils n'o-
seraient faire feu sur moi. Ils revoyaient
leur empereur marchant à la tête de ces
vieux maîtres de la guerre, qui leur
avaient si souvent tracé le chemin du
combat. J'étais le même encore, puisque
je leur rapportais l'indépendance avec
mes aigles.

Qui n'aurait pu croire que des soldats
français balanceraient un moment entre

des sermens officiels prêtés sous les drapeaux de l'étranger, et la foi qu'ils avaient jurée à celui qui venait pour affranchir leur patrie?

Le peuple et les soldats me reçurent avec les mêmes cris de joie. Je n'avais que ces cris pour cortège; mais ils valaient mieux que toutes les pompes, car ils me promettaient le trône.

Je m'attendais à trouver quelque résistance de la part des royalistes; mais je me trompais : ils ne m'en opposèrent aucune, et j'entrai dans Paris sans les apercevoir, si ce n'est aux fenêtres. Jamais entreprise plus téméraire en apparence, ne coûta moins de peine à exécuter : c'est qu'elle était conforme au vœu de la nation, et que tout devient facile quand on suit l'opinion.

La révolution fut terminée en vingt jours, sans avoir coûté une seule goutte de sang. La France avait changé d'aspect. Les royalistes allèrent crier au secours chez les alliés. La nation rendue à elle-même reprit de la fierté. Elle était libre, puisqu'elle venait de faire, en me replaçant sur le trône, le plus grand acte de spontanéité qui appartienne aux peuples. Je n'y étais aussi que par son vœu ; car je ne l'aurais pas conquise avec mes six cents soldats. Elle ne me redoutait plus comme prince. Elle m'aimait comme son sauveur. La grandeur de mon entreprise avait effacé mes revers ; elle m'avait rendu la confiance des Français. J'étais de nouveau l'homme de leur choix.

Jamais aussi la totalité d'une nation ne s'est exposée à la situation la plus dangereuse avec tant d'abandon et d'intrépidité. Elle n'en a calculé ni le péril ni les conséquences. L'amour de l'indépendance enflammait ce peuple, que l'histoire placera avant tous les autres.

J'avais refusé la paix qu'on m'offrait à Châtillon, parce que j'étais sur le trône de France, et qu'elle me faisait descendre trop bas. Mais je pouvais accepter celle qu'on avait accordée aux Bourbons, parce que je venais de l'île d'Elbe, et l'on peut s'arrêter quand on monte ; jamais quand on descend.

Je crus que l'Europe, étonnée de mon retour et de l'énergie du peuple français, craindrait de recommencer la guerre avec une nation dont elle voyait la témérité, et avec un homme dont le caractère était plus fort, à lui seul, que toutes ses armées.

Il en aurait été ainsi, si le congrès eût été séparé, et que nous eussions traité avec les souverains un à un. Mais leur amour-propre s'échauffa, parce qu'ils étaient en présence, et mes efforts pour maintenir la paix n'aboutirent à rien.

J'aurais dû prévoir ce résultat, et profiter sans retard du premier élan du peuple, pour montrer à quel point nous étions redoutables. L'ennemi aurait pâli devant notre audace. Il ne vit que de la faiblesse dans mon tâtonnement. Il avait raison, car je n'agissais plus d'après mon caractère.

Mon attitude pacifique endormit la nation, parce que je lui laissai croire que la paix était possible. Dès-lors mon système de défense fut perdu, parce que les moyens de résistance restèrent au-dessous du danger.

Il fallait recommencer une révolution pour me donner toutes les ressources qu'elles créent. Il fallait remuer toutes les passions pour profiter de leur aveuglement. Sans cela je ne pouvais pas sauver la France.

J'en aurais été quitte pour régulariser cette seconde révolution, comme je l'avais fait de la première ; mais je n'ai jamais aimé les orages populaires, parce qu'il n'y a point de bride pour les mener, et je me suis trompé en croyant qu'on pou-

vait défendre les Thermopyles en char-
geant ses armes en douze temps.

J'ai voulu faire cependant une partie
de cette révolution ; comme si je n'avais
pas su que les demi-partis ne valent
rien. J'offris à la nation de la liberté,
parce qu'elle s'était plainte d'en avoir
manqué sous mon premier règne. Cette
liberté produisit son effet ordinaire. Elle
mit les paroles à la place des actions. La
caste impériale se dégoûta, parce que
j'ébranlais le système auquel elle avait
attaché ses intérêts. La foule de la nation
leva les épaules, parce qu'elle se soucie
fort peu de la liberté. Les républicains
se défièrent de mon allure, parce qu'elle
n'était pas dans ma nature.

Je mis ainsi moi-même la désunion
dans l'État. Je m'en aperçus, mais je
comptais sur la guerre pour le rallier.
La France venait de se relever avec tant
de fierté ; elle avait montré tant de mépris pour l'avenir ; sa cause était si juste

(puisque c'était le droit le plus sacré des nations), que j'espérai voir prendre les armes à tout le peuple par un seul cri d'honneur et d'indignation. Mais il était trop tard.

Je sentis le danger de ma position. Je mesurai l'attaque et la défense. Elles n'é-taient pas en proportion. Je commençai à me défier de mes moyens; mais ce n'était pas le moment de le dire. Par un hasard malheureux, ma santé se déran-gea aux approches de la dernière crise. Je n'avais plus qu'une ame ébranlée dans un corps souffrant. Les armées s'avan-çaient. Dans la mienne il y avait du dé-vouement et de l'enthousiasme dans le soldat. Mais il n'y en avait plus dans leurs chefs. Ils étaient fatigués; ils n'é-taient plus jeunes; ils avaient beaucoup fait la guerre; ils avaient des terres et des palais. Le roi leur avait laissé leurs fortunes et leurs places. Ils venaient comme des aventuriers les risquer de

nouveau avec moi. Ils recommençaient
leur carrière ; et quelque amour qu'on
ait pour la vie, on n'aime pas à y repasser deux fois ; c'était peut-être trop
exiger de la nature humaine.

Je partis pour le quartier-général,
seul contre le monde entier. J'essayai
de le combattre. La victoire nous fut
fidèle le premier jour ; mais elle nous
trompa le lendemain. Nous fûmes vaincus, et la gloire de nos armes vint finir dans les mêmes champs où elle
avait commencé vingt-trois ans auparavant.

J'aurais pu me défendre encore, car
mes soldats ne m'auraient pas abandonné ; mais on n'en voulait qu'à moi
seul. On demandait aux Français de
me livrer aux ennemis : c'était leur demander une lâcheté pour les forcer à
se battre. Je ne valais pas un si grand
sacrifice. C'était à moi à me démettre.
Je n'avais pas même de choix. Décidé à

me rendre aux ennemis , j'espérais qu'ils
se contenteraient de l'ôtage que j'allais
mettre dans leurs mains , et qu'ils pla-
ceraient la couronne sur la tête de
mon fils.

Il était impossible de mettre cet enfant sur le trône en 1814 ; la chose était
je crois convenable en 1815. Je n'en
dis pas les motifs ; l'avenir les dévoi-
lera peut-être.

Je n'ai quitté la France qu'au moment où l'ennemi s'est approché de ma
retraite. Tant qu'il n'y eut que des
Français autour de moi, j'ai voulu rester au milieu d'eux seul et désarmé ;
c'était la dernière preuve de confiance
et d'affection que je pouvais leur donner. C'était un grand témoignage que
je rendais à leur loyauté à la face du
monde.

La France a respecté dans moi le
malheur , jusqu'au moment où j'ai
quitté pour jamais son rivage. J'aurais

pu passer en Amérique, et promener ma défaite dans le nouveau monde ; mais après avoir régné sur la France, il ne fallait pas avilir son trône en cherchant d'autre gloire.

Prisonnier sur un autre hémisphère, je n'ai plus à défendre que la réputation que l'histoire me prépare. Elle dira qu'un homme pour qui tout un peuple s'est dévoué, ne devait pas être si dépourvu de mérite que ses contemporains le prétendent.

FIN.

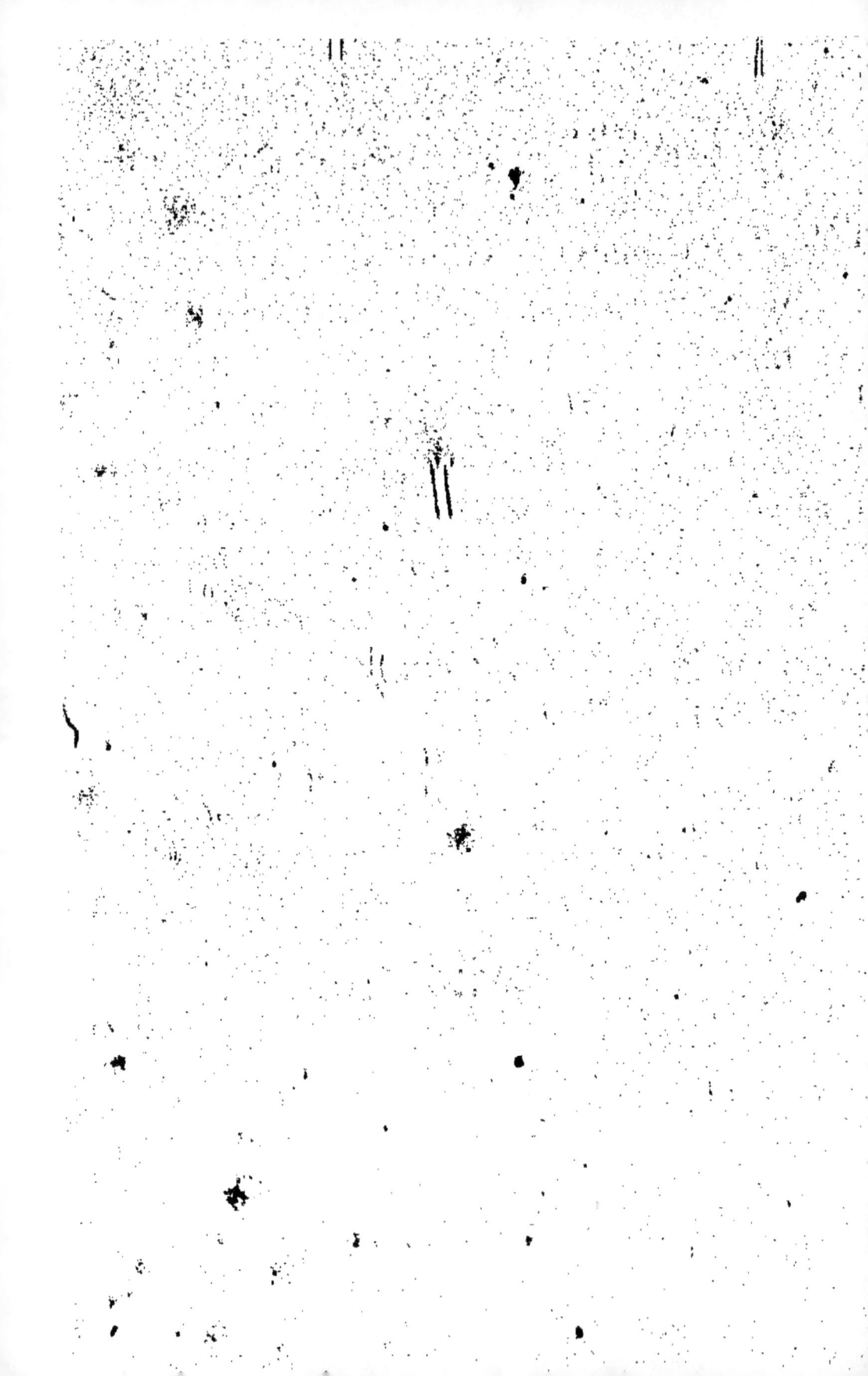

www.ingramcontent.com/pod-product-compliance
Lightning Source LLC
Chambersburg PA
CBHW072020080426

42733CB00010B/1772